当客户说“不”

WHEN BUYERS SAY NO

Essential Strategies for Keeping a Sale Moving Forward

[美] 汤姆·霍普金斯（Tom Hopkins）
本·卡特（Ben Katt） 著
杨晓瑜 译

中信出版集团 · CHINACITICPRESS · 北京 ·

图书在版编目（CIP）数据

当客户说“不”/（美）霍普金斯，（美）卡特著；
杨晓瑜译. -- 北京：中信出版社，2016.1（2021.11重印）
书名原文：When Buyers Say No：Essential
Strategies for Keeping a Sale Moving Forward
ISBN 978-7-5086-5682-3

Ⅰ. ①当… Ⅱ. ①霍… ②卡… ③杨… Ⅲ. ①销售策
略 Ⅳ. ①F713.3

中国版本图书馆 CIP 数据核字（2015）第 274040 号

当客户说“不”

著　　者：（美）汤姆·霍普金斯（Tom Hopkins）　本·卡特（Ben Katt）
译　　者：杨晓瑜
策划推广：中信出版社（China CITIC Press）
出版发行：中信出版集团股份有限公司
（北京市朝阳区惠新东街甲 4 号富盛大厦 2 座　邮编　100029）
（CITIC Publishing Group）
承 印 者：北京诚信伟业印刷有限公司

开　　本：787mm × 1092mm　1/16　　印　　张：18.5　　字　　数：171 千字
版　　次：2016 年 1 月第 1 版　　印　　次：2021 年11月第 18 次印刷
京权图字：01-2015-0495
书　　号：ISBN 978-7-5086-5682-3 / F · 3537
定　　价：49.00 元

服务热线：010 - 84849555　服务传真：010 - 84849000
投稿邮箱：author@ citicpub. com

前言

你将从本书中得到什么

并不是每一次销售都能成功。在销售行业中，即便是收入最高的专业销售人员，有时也会空手而归。这就是销售行业的本质。一旦你认识到了这一点，就不会为了把每一单生意都做成而去寻找什么妙招了，而是会抱着正确的心态去学习一些策略，以帮助自己赢得更多订单——包括那种不止一次拒绝你的客户的订单。

销售是一场比赛，而且是体育比赛。运动员准备好之后，在赛场上全力拼搏，然后把拿到的订单当作战利品带回家，以满足他们对成功的渴望。然而，如果他们常常一无所获，就会离开销售赛场，有些人还会伤痕累累。事实上，如果你从事了销售工作，却不知道其中的规则和微妙之处，对你来说，这就会是一项残酷的运动。

本书的目标是，在现有的基础上提高你的销售成功率。一方面，本书会深入探讨向潜在客户展示产品和服务时的微妙之处；另一方面，你会了解到，为了顾全销售大局，应如何从某次销售活动中迅速退出来，进而避免对下一个销售过程失去控制。

简言之，这是一本销售策略指南，你将从中学会如何利用“说服客户的循环”。有了这个指南，对于销售过程中的任何环节，你都会非常清楚下一步要怎么走，直至达成交易。即使潜在客户在达成交易的路途中设置了难以避免的（通常也是意想不到的）“分岔路”，你也能做出正确的选择。

当客户说“不”

本书不会涉及如何或在何处找到新业务，或者如何获得拜访客户的机会。同样，本书也不会为你提供任何后续的跟进策略。本书完全以真实的销售情境演示为重点，从你与客户建立融洽关系的那一刻开始，直到客户最终对你说“行”为止，涵盖全部销售过程。

你要明白，面对你所提供的产品或服务，客户在最初有很多理由对你说“不”。在听到“不”之后做什么，能为你在多大程度上取得成功带来天壤之别。事实上，当你学会如何使用本书中的策略后，你会期待自己在销售过程中听到“不”这个字，而且希望不止一次听到，因为你会真切地意识到每个“不”字意味着什么，以及接下来需要做什么或者说什么。

太多时候，当客户抗拒或犹豫时，销售人员的反应会令整个销售过程变得让人不舒服。他们会觉得自己被拒绝了或者失败了，心里开始想着收拾起销售材料去见下一位客户。很不幸，这些失败主义者的想法和感受会从行为举止和态度中表现出来，从而导致整个销售过程戛然而止。一般的销售人员面对这种情况，会先请求客户保持联系，然后垂头丧气地落荒而逃。

说“保持联系”当然比对客户说“永远不再联系”好。然而，试想一下，如果当销售人员听到客户说“不”后，采取的策略不出现令人不安的冷场，没有咄咄逼人的举动，也不强求客户，而是重新建立起一座桥梁，再次获得拿下订单的机会，这会给销售人员的人生带来多大的不同？你做得到！

答案就在本书中。成千上万名专业销售人员已经在实践中应用了从本书中学到的策略，成功地证明了这些策略是行之有效的，而这一切都始于“说服客户的循环”。

实际上，当客户第一次说了“不”后，销售过程可以而且应该继续下去。并且，在很多情况下，销售人员会再一次听到客户说“不”。但是，如果能够妥善应对，即使潜在客户拒绝了你五六次，你也可以把客户口中的“不”

转化为“行”，同时又不会对已经建立起来的关系造成伤害。

如果你能学会在听到客户首次说“不”后如何让他继续和你沟通，你就能从中获得自信，而这种自信会从你的行为举止中流露出来，你也会因此赢得更多订单，从而达到职业生涯的新高。

这并不是一本理论书，而是一本指导手册。阅读本书时请尽量用上荧光笔、笔记本和写字笔。认真思考如何将这些策略应用在你的日常销售活动中，并且在实践中习得销售的微妙之处，如此你将会收获一份蒸蒸日上、硕果累累，令人满足和愉悦的销售事业。

目录

第一部分
客户说“不”

1 客户对你说“不”
让客户说“行”....3
牢记两个关键点 4
提高成交的可能性 8

2 “不”的真正含义是什么
“行”“不”或者“也许”....12
重新思考“不”的真正含义 12
你真正的任务是什么 16
销售的主要环节有哪些 18
如果“不”真的意味着“不买”....18
你对真正的“不”的态度 19
把销售当成比赛 20

3 如此避免在销售中迷失
线性说服模式 24
改变话题 26
说服的 4 个步骤 27

第二部分

说服客户的循环

4 建立说服客户的循环

与客户建立融洽的关系 34
了解客户需求 34
向客户展示问题解决方案 34
在收尾时向客户提问题 35
内循环过程 35
提出终极问题 37
后退一步 37

5 客户是因为你的原因才说“不”的吗

你是在空手套白狼吗 40
你真的相信产品和服务的价值吗 40

6 你和客户建立并维持的关系够融洽吗

为什么融洽的关系能提高销售成功率 47
建立融洽关系的三大原则 49
如何提升你与客户之间的融洽度 51

7 了解客户需求
问题就是答案 75
封闭式问题 77
开放式问题 78
倾听的技巧 80

8 提出探索性问题
避免意外 92
4 个探索性问题 93

9 在销售陈述中缓解客户的抵触情绪
销售陈述是什么 111
销售陈述的技巧 112
视觉上的销售陈述 120
视觉上的辅助工具 122
幽默——要小心 122
直呼客户的名字 124
说服的核心是什么 125

10 在收尾时向客户提问题

收尾的重要事项有哪些 136
直接收尾 vs 试探性收尾 138
用语言组织一下你的试探性收尾问题 140
订单收尾 142
其他收尾类型 146
提前把你的收尾词写出来 148
充分利用你的知识 149
有效收尾的两个关键原则 150
“行”“不”和“可能” 153

第三部分

如果客户说“不”

11 重新建立融洽关系

内环 162
“可能”也意味着“不” 165
关于内循环的重大发现 166
再次与客户建立融洽的关系 168

12 找到客户存在的疑问

第一步：倾听 174
第二步：先重述客户的问题和顾虑，然后再回答 176
第三步：找到认同之处 178
第四步：确认客户已经把他们所有的顾虑都说出来了 182
第五步：确定客户是否已经准备好采取行动了 183

13 回答客户的问题

解答客户顾虑和问题过程中的几个提示 190

14 提出成交要求的关键时刻

客户是不是还需要一点鼓励 198
如果“不”的意思真的是“不” 200

15 准备好回应客户的谈判要求

事先做准备的 4 个步骤 216
事先做准备的优势 224

16 如何与客户谈判

谈判中的第一大错误 227

圆满结束谈判 237

第四部分

客户说“行”

17 如果客户说“行”

你做得很好 258

售后原则 260

18 争取让更多客户对你说“行”

安排推荐环节 265

融洽的关系以及客户推荐 267

在收尾时请客户把你推荐给别人 268

在以后的交往过程中请客户把你推荐给别人 269

让客户推荐成为一种生活方式 274

完成整个“说服客户的循环” 275

附录 “说服客户的循环”核对表 / 282

致谢 / 284

第一部分

客户说“不”

1

客户对你说“不”

- “呃，吉姆，你刚刚给我看的那套新设备确实不错，但是不好意思，我必须要说，我们不会买。”
- “玛丽，非常感谢你告诉我们这些信息，但我们现在不会买。”

以上是销售人员一天到晚都会听到的典型说辞，而且几乎每天都会听到。对于一般的销售人员来说，当听到这些话时，本能的反应就是觉得失败了或者是被拒绝了——这似乎形成了一种思维定势。

事实上，被拒绝太常见了，然而很奇怪，极少有销售人员为此做好了准备，主动去化解因拒绝而带来的负面情绪。大多数销售人员被动地接受了拒绝和由此带来的感受，并且把这当成了销售工作的一部分。

你多久一次听到上面的说辞，取决于你作为销售人员所具备的能力和技巧。但是，你在被拒绝之后做什么、说什么，会让你的销售成功率和你的个人财务状况大不相同。

让客户说“行”

这是一本关于让客户说“行”的书，但起点是“不”。

销售的真实情况是，很少会有客户在第一次被推销产品或服务时就说“行”。然而，具有讽刺意味的是，大多数销售人员在听到第一声“不”后都倾向于就此放弃、接受拒绝。

当你读过本章开头的内容后，想一想，现在被拒绝时，你的感觉如何、会怎么做以及会说些什么？

- 你是否感觉到了失望？是否会有心情跌到谷底的感觉？这种感觉会让人疲惫不堪，本来高涨的销售激情也一点点流失了。
- 你是否心里已经放弃了成交的念头，直接切换到了“咱们保持联系吧”的模式，而且在想待会儿走的时候，把什么留下，把什么带走，然后全心全意去见下一位客户？
- 你是否会说“没关系，我理解”，或者“我会再和您联系的，也许您会改变主意呢”？

这就是一般的销售人员的反应。因此，第一个问题就是：你想不想做一般的销售人员？或者说，你想不想鼓励自己变得比一般的销售人员更好？

牢记两个关键点

本书的第一个关键点是确保你不会过早地放弃某一订单。当听到“不”字以后，你仍然有很多销售工作要做。

事实上，大多数的“不”并不是终点，而只是十字路口。作为一名专业销售人员，你的工作是做好充分准备，从你想走的那条路转到客户为你选的那条路上。你必须要足够灵活，以确保销售进程朝着你初始目标的方向走。简言之，尽管道路可能会改变，但终点不会变。

把你听到的第一声“不”（也可能是前几声“不”），仅仅当作一次迂回绕行吧。你要相信，还有其他方法可以成交，而且你训练有素的思维会很快找到新途径或者新方法——尤其是在学习完本书之后。

在购买一种产品或服务之前，大多数客户说“不”的次数会多达5次。看到这个数字后，很多销售人员会觉得，这意味着自己要想成为一名顶尖的销售人员，就要一直用同样的信息和客户纠缠下去，直到客户“投降”为止。

用一种简明的方式来说，他们会觉得对话应该是这样的。

销售人员：“您想买吗？”

客户：“不想。”

销售人员：“您确定？买这个很划算的。”

客户：“不买。”

销售人员：“您之前跟我说过预算里有这笔经费，而且您需要这个产品。”

客户：“不买。”

销售人员：“您放心，我们一定会履行承诺，提供让您满意的服务。我们在所有主要的电视台上都做广告，而且我们公司是具有百年历史的大公司。”

客户：“不买。”

销售人员：“我们免运费，而且您还可以随意选颜色。”

客户：“不买。”

销售人员：“这么低的价格不会维持很久的，现在是入手的最好时机。”

客户：“好吧……我还是买吧。”

正是由于这种类似于纠缠的过程，让很多销售人员在听到“不”字后，羞于继续说服客户。他们不想让自己看起来没有礼貌或者咄咄逼人，但是当他们听到客户说“不”字后，却又不知道该如何让对话继续下去。

本书的第二个关键点是帮助你理解：顶级销售人员赢得订单的部分原因是坚持，但成功的坚持不包含机械地重复相同的信息。

每个“不”字的含义都不同。因此，面对不同类型的“不”，就需要采取不同的处理方法。

在每一个销售过程中，顶级销售人员都会从所有的角度来努力，以检验每一种可能性，直到实现公司与客户的双赢。或者，他们为了满足客户的需求已经提供了所有的选择，并满意地与客户订下了销售预约。

他们与客户之间的对话可能是这样的：

销售人员：“您想买吗？”

客户：“不想。”

销售人员：“您之前提过，您希望在产品销售旺季开始之前收到产品。如果我们能保证您在那之前收到产品，那您今天会不会更容易做出决定？”

客户：“呃，这样会好一些，但我觉得还是推迟一下吧。”（不）

销售人员：“您对定制我们的豪华型产品表现出了兴趣，为了满足您的特定需求，如果我以书面形式保证我们能按照您的要求进行定制，您是不是也觉得这些附加值成本能够在销售旺季收回？”

客户：“呃，可能吧，但我不确定我们的工作人员是否有能力把你们产品的特性发挥到极致。”（不）

销售人员：“您能提到这一点，我太高兴了。对于豪华型产品，我们提供免费的视频教程，还有为期一年的在线支持。而且，在您收到产品之后，我会亲自与您的团队见面，解决可能出现的问题。您觉得这样是不是能够让您的团队以最快的速度掌握产品的使用方法？”

客户：“可能这样足够了……但我们今年没有预算了。”（不）

销售人员：“资金是需要考虑的一个重要因素。如果我们能以分期付款的方式合作，您觉得怎么样？比如说，您觉得我们需要将付款期限延长到多久，或者您觉得首付多少比较合适？”

客户：“呃……我不知道，让我想一想。”（不）

销售人员：“我理解，做这么重要的决定确实需要想一想。××先生，在我和您接触的这段时间里，您已经对这款产品所能带来的好处表示了兴趣。您之前也提到过，这款产品在销售旺季如何能够增加你们的利润（列举产品的好处）。您觉得今天还需要做些什么，才能让您离拥有这些产品的好处更近一步呢？

客户：（长时间沉默）“我觉得能用公司的信用卡先付首付……”

都是5个“不”，1个“行”，你能看出上面两段对话在语气上的差别吗？在第二段对话中，事实上，每个“不”都不是终点，而是离“行”更近了一步，因为销售人员又满足了一个让客户说“行”的要求。

这是一本关于“让客户说行”的书——当你对自己的产品能够满足客户的需求有足够的自信时，就会赢得更多订单。我们之所以在第1章研究“不”，是因为它在销售陈述中是一条分割线，销售人员要么会继续朝着“让客户说行”而努力，要么就会放弃，结束与客户的会面。

“不”这个字是路标——不是止步的标志！

如果在听到第一声“不”时，你就让自己的精神萎靡起来，这种丧气会从你的行为举止中表现出来。关于说服，最重要的事情之一是，有些秘密不能透露给你的客户。换句话说：

- 如果你不喜欢销售，你的客户会看出来。
- 如果你对自己的产品或服务持怀疑态度，你的客户会看出来。
- 如果你不喜欢客户的某些特质，他们也会看出来。

如果你确实放弃了某一订单，你的客户会感觉得到。如果事后有人问他是如何知道你放弃了，他可能说不出来为什么，但真实原因是，你通过非语言信息——面部表情、仪态和姿势——让客户隐约地感觉到了这一点。除此之外，还有一点也可以给他这种感觉，那就是，你都已经开始收拾资料了！

这种非语言沟通所传达的信息，会使你的客户对产品失去兴趣。为什么当你放弃订单时，客户会失去兴趣呢？因为客户喜欢从自信的人那里购买产品。自信的销售人员在听到“不”字后，仍然会继续尝试其他方法说服客户。“不”这个否定词一点儿都不会给他们造成困扰。

另外，如果你不再坚信自己能拿下订单，从本质上来讲，就等于你在说自己的产品或服务对客户来说并不是最好的。而如果你没有放弃，客户很可能已经购买了，而不是像你现在这样，花费了大把时间，却一无所获，不得不匆匆赶去会见其他潜在客户。换句话说，**如果你放弃了，你就只是给这些客户做了一下热身，让他们从下一个销售人员手里购买产品**。

如何应对“不”，并不是对意志的考验，并不需要你强迫自己把销售中的“不”当成必须承受的挑战。有效地处理“不”，关乎的是准备、视角和态度。顶级销售人员会主动迎接所有“不”字带来的挑战，保证每个潜在订单都有成功的可能性。

假如销售过程中没有“不”字，也就不需要什么销售人员了。

提高成交的可能性

为什么大多数销售人员不能像第二段对话中那样向客户提问呢？其中一个原因是，很多销售人员在面对客户说“不”时，不完全明白自己该怎么做。本书将教会你如何提高成交可能性，让销售任由你掌控。

当客户说“不”时，如果你有很多应对之道，结果会怎样？

- 你会更加放松，对自己的销售事业也会更满意。
- 你的客户会更喜欢你，而这一点极其重要。

你与客户之间的关系越紧密，他们就越会相信你说的话，也就越有可能在最初“否定”你的产品或服务后继续长期地从你手里购买产品。这一点将会在第6章中讲到。

我们举一个简单的例子来说明在听到“不”之后你该如何继续销售，下面这种情况你可能已经遇到过几百次了：假设你正在一家餐厅里，服务员一边收拾餐盘，一边问你还要不要吃一些甜点。你会条件反射式地说“不要了，谢谢”，对吧？一位优秀的服务员不会就此罢休的，他会面带微笑地继续详细描述刚烤好的苹果派皮有多酥，圣代冰激凌上面的草莓是今天早上刚摘的，以及7层的比利时巧克力蛋糕上面还有奶油芝士酥皮。

他有什么收获？他一直吸引着你的注意力和兴趣。然后，他会问如果你想吃甜点，你会选哪一种。

由于他的描述，你的脑海中已经浮现了所有这些甜点（而且很可能已经勾起了你的食欲），你也许接下来会问一个蛋糕具体有多大。如果你这么问了，就相当于给了他一个进一步描述细节的机会，他会更加明确你的需求，而且很可能还会拿到更多小费，因为你已经开始考虑和同桌的人一起分享甜点了（尽管最初你觉得自己根本吃不下了）。服务员销售成功的可能性在这时依然存在，他时刻准备着而且也愿意为你端上你想吃的甜点，完成销售。

虽然难以置信，但本书中的概念真的就是这么简单。

在面对客户说“不”时，当你掌握了怎么做和怎么说的策略之后，就会增加销售成功的机会。而且，随着这些机会的增多，你的成交率也会大大提高，而相比之下，一般的销售人员早就已经放弃了，从客户面前落荒而逃。

要点总结

- **听到“不”之后说什么、做什么，会让你的销售成功率和个人财务状况大不相同。**
- **很少会有客户在第一次被推销产品或服务时就说“行”。**
- **大多数的“不”并不是终点，而只是十字路口。**
- **在购买一种产品或服务之前，大多数客户说“不”的次数会多达5次。**
- **每个“不”字的含义都不同。因此，面对不同类型的“不”，就需要采取不同的处理方法。**
- **如果在听到第一声“不”时，你就让自己的精神萎靡起来，这种丧气会从你的行为举止中表现出来。**
- **如果你放弃了，你就只是给这些客户做了一下热身，让他们从下一个销售人员手里购买产品。**

2

"不"的真正含义是什么

在世界上所有的语言中，"不"字都是最有分量的词汇之一。它能带来数百种不同的情绪反应，不仅能成就或毁掉一个销售订单，还能决定一个人的某一天、某个月或者某一年，甚至是对人的一生都产生重大的影响。

根据"不"字的不同含义，人们可能会产生不同的情绪，下面是几个例子：

如释重负：不，你没有得癌症。

欢欣鼓舞：不，你并不是没有通过这次考试。

难过：不，我们假期不能在一起。

开心：不，我不会为了那个更好的工作离开家人。

在一些情况下，有些人很害怕听到“不”字。事实上，对于听到“不”字的预感会让他们非常焦虑，进而危害到他们的身体和精神健康。

对于那些投身销售领域时间相对较短的人来说，这种害怕尤为强烈。在销售过程中，不知道在客户说“不”时如何应对，使得很多销售人员难以取得事业上的成功。仅这一个原因，在职业生涯中尽早知道自己会听到“不”字就显得至关重要。在明白了这一点后，你就能针对客户说的“不”字做好相应的准备。

经过学习和准备，无论你想实现以下哪个目标，都会知道如何将“不”成功地转化为继续销售的一个过程。

- 争取和潜在客户约定会面的时间。
- 推销你自己、你的公司和产品品牌。
- 推销你的产品或服务。
- 争取让客户把你推荐给其他潜在客户。

潜在客户面对你的请求，大多会有 3 种回应：“行”“不”或者“也许”。 在销售过程中，“也许”的意思就是“不”，除非你把“也许”变成“行”。而且，客户说“行”并不等于你做成了这单生意，除非客户真的采取以下行动：

- 给你开一张支票。
- 用信用卡直接交易。
- 授权别人下采购订单。

换句话说，客户必须采取切实行动，你才能真正拿到订单。

注意　如果你的产品类型决定了你需要和客户多次见面，那你需要让客户采取的切实行动就是配合你的下一步计划——很可能是约定下一次会面的时间。

“行”“不”或者“也许”

你还能想到其他回应吗？客户给出这3种回应有成百上千种方式，但这3种回应是你在请求客户采取行动时会听到的3种基本回应。既然客户的回应只有这3种，那为什么销售人员在听到“不”之后会灰心丧气呢？当然，如果客户马上就说“行”，你会更开心，利润也会更高，但如果每个客户都会立即说“行”，那公司为什么还要聘用销售人员呢？为什么不直接招聘接单员呢？

作为销售人员，你的工作绝不仅仅是向客户介绍产品和接订单这么简单，你既要当侦探，又要当顾问。为什么要当侦探呢？是因为你要通过各种线索了解客户真正想要什么；而又为什么要当顾问呢？是因为你要先了解客户的需求，然后引导他们产生和你一样的想法，即你的产品对他们来说是最好的选择。

你需要考虑一个问题：如果客户对你的产品或服务所能带来的好处没兴趣，那他们为什么还会同意和你见面，然后花时间听你做相关介绍呢？你自己会听销售人员介绍你不感兴趣的产品或服务吗？当然不会。

现在，该重新思考“不”的真正含义了。

重新思考“不”的真正含义

“不”的含义有很多。如果你认为客户所说的“不”和你心中的“不”是一个意思，那你就犯了一个成本高昂的错误。“不”的潜在含义可能包含以下几种：

（1）还有问题存在

在销售中，“不”这个字很多时候都意味着，客户还有一些问题或者顾虑没有得到解决。也许，客户还在疑惑，你的产品和竞争对手的产品相比怎么样，这是一个你必须去面对的挑战。

人们在感到困惑时会说“不”，这是人类自我保护的本能。如果客户对你的产品没有清晰的了解，往往会推迟自己做出决策的时间。

（2）对产品的好处解释不足

如果你确定某位消费者就是你的潜在客户，而且确信你的产品能够很好地满足他的需求，那么如果他说“不”，其实只意味着你还没有完成说服客户的过程，而这是销售中固有的一个环节。

如果真是这样的话，销售人员就不必因为没有向客户提供充足的信息而感到遗憾了。因为不同的客户在做出决定之前，需要的信息量和能够接受的信息传达方式都不相同。一般来说，如果为客户提供过多信息，反而会由于信息超量或者使客户厌烦而失去客户。相比而言，更好的方式是仅提供少量信息，然后让客户主动询问更多信息。

在销售陈述过程中，要相信你的直觉。当你觉得客户已经掌握了足够信息来做出明智决定时，就可以成交了。如果你首次提出要成交时，客户还是不断地想要了解其他信息，这时你就要对销售陈述做出一些调整了。

（3）需要有更多发现

客户的一个“不”字可能意味着，你需要进一步研究，找出销售陈述中还有哪些方面不够清晰。记住，人们在感到困惑时会说“不”，第9章对销售陈述过程中更直接、更有说服力的推销方法进行了论述。

（4）资格评定失误

在销售过程中，你可能会不得已重新回到资格评定或需求确认的环节，以确保你向客户推销的产品是他们所需要的。之所以会出现这种情况，可能是因为之前你在确认客户需求时，错失了某些信息，也可能是因为当时客户也不知道自己的真正需求是什么。

由于你对客户需求的理解误差，会从你的销售陈述中反映出来，所以当你第一次向他们推销某种产品或服务时，他们可能会对你说“不”。他们也许并不知道你还有其他产品能够满足他们的需求，只有通过进一步沟通，你才能恍然大悟，认识到他们的需求，进而向他们推销更适合的产品。

（5）存在没有提出的问题 / 反对意见

也许客户并没有把他自己的全部情况都告诉你，比如他的真正需求以及能不能买得起你向他推销的产品或服务。什么？客户并没有告诉你能够达到双赢并促成成交的所有信息？

有时候，这只是“信任”问题而已。要想和客户建立信任，最重要的时机之一是在他对你说“不”之后。如上所言，在了解产品和服务所能发挥的作用之前，客户通常不清楚自己对该产品和服务有什么异议或问题。或者，他们也许喜欢你推销的产品，但是无法接受你提出的价格。重点是，你要通过使用恰当的销售技巧、工具和策略，推动销售继续下去，直至成交（即使客户一开始并不愿意购买）。

（6）时机不对

客户之所以说“不”，可能只是因为想让销售的节奏慢下来而已。“不”的意思可能是“不，现在不买”。你觉得自己买东西的时候，选择好的时机很重要，那么对你的客户来说，又何尝不是呢？通过对购买时机进行讨论，你可能会发现，即便客户当天不买你的产品或服务，还是很愿意在某个时间范围内购买的。

如果你确定客户的真实意思是“不，现在不买”，可能是因为他们想以后再买（或者，他们只是有拖延症而已）。你的任务就是明确他们真正考虑购买的最佳时机，并且采取一些行动帮助他们尽早做出购买决定，而不是往后拖延。

你可以说：“苏，我理解你还在犹豫，那你觉得什么时候才想买人寿保险？”或者，“苏，咱们今晚说了这套方案的这么多优点，那你觉得你什么时候会买？”苏可能这周有一笔大额账单要付，或者很快就能报销一笔钱，用来支付这套方案。问题在于，除非你知道导致她无法购买这个产品的真正原因，否则你就无法促成这单生意，拿不到订单。

（7）特性不符

客户说“不”的意思可能是“不，不要这个型号 / 颜色”。训练有素的销售人员在听到这种类型的“不”后，会条件反射式地提出问题，明确潜在客户想要表达的真实意思是什么。你可以说：“鲍勃，我知道你的意思，你好像非常喜欢这套新设备，但为了让我更好地了解你的想法，也让你对这套设备有更多的了解，我需要说点什么或者做点什么吗？”鲍勃可能会开玩笑似地回应说：“你可以跟我说，这套设备不要钱。”然后你就会知道，价格很可能就是问题所在。你可以据此为鲍勃提供一些解决财务问题的办法，进而促成交易。

（8）“不，不买你的”

对有些客户来说，他们说“不”的意思甚至可能是“不，不买你的”。请你明白，当你推销某些产品时，客户购买的不仅仅是产品而已，同时也是在购买与你今后的关系往来。在很多情况下，销售人员都变成了客户和公司之间的关键连接点。客户可能只是不愿意从你手中购买，他们觉得以你的能力无法满足他们的需求。所以，在证明产品所能带来的利益的同时，你还需要证明自己的能力。

记住，人们更愿意和自己喜欢的人做生意。有一点很重要，那就是要让客户喜欢你、信任你，这样他们就会听你说的话，接受你的建议，同时也会想和你维持长期的商务关系。

潜在客户说“不”的原因有很多，但缺乏兴趣可能并不是其中之一。对你的产品或服务没有兴趣的人不会浪费时间和你见面，也不会浪费时间听你做陈述。因此，如果你吸引了客户的注意力，原因就是他真的很想知道你、你的公司和产品能不能解决他的问题，或者是不是优于他目前使用的产品。你的任务是认识到他的需求以及他对你的产品或服务有什么预期。

在每一次销售过程中，你是唯一能最终确定“不”的真正含义的人。为了确定“不”的真正含义，你要利用精心想出的问题让对话继续下去，找出你需要了解的信息，进而确定是否能帮客户解决他们的问题以及如何解决，通过这种方式，你能拿到更多订单（与听到“不”就放弃相比）。

你真正的任务是什么

我们直接说说问题的本质吧。很多销售人员觉得自己拿工资是因为向客户做销售陈述。他们误以为，销售陈述是整个销售过程中最重要的环节，因此他们把所有时间和注意力都放在了销售陈述上。他们认为，只要和客户聊聊天并且记住如何对产品进行讲解就能开创一番销售事业。

当然，好的销售陈述确实很关键，但这只是销售过程的一个环节而已，还需要根据客户的具体需求进行灵活调整。很不幸，很少有销售人员明白吹嘘自己的产品并不是真正意义上的销售。

对产品做完陈述就指望客户掏出支票、信用卡或者订购单，这种销售方式在销售行业里专门有个名字，叫“观望销售”（wait-and-see selling）。与那些愿意在其他销售环节付出努力，提升自己技能的销售人员相比，靠“观望销售”这种方式工作的销售人员更辛苦，挣的钱却更少。

观望销售无法解决不同客户的独特需求。相反，这会让客户感觉自己在听模式化的推销说辞——销售人员直接把信息抛给了客户，客户不得不先接收这些信息，然后再对信息进行甄别，找出与自己相关的信息。难怪那么多客户会无视销售人员所做的努力。

同样是这些事先没有准备的销售人员，他们从来不会对客户提问题，不了解客户的不同需求、担忧和愿望，就这样把决定销售成功与否的控制权交给了客户，结果会事与愿违。

在销售中，提问题的人会控制并引导整个销售过程。

如果客户通过提问题率先掌握了主动，他就可能会把话题引到任何地方。销售人员会难以确定自己处于销售过程的哪一阶段，以及客户是否已经了解了重要的产品信息。在这样的情况下，销售人员可能永远也抓不到机会对所谈的内容进行总结，也没有机会拿到订单。简言之，他们已经失控了，这就是为什么要对销售人员进行正规、有效的销售技能培训，因为培训能为他们提供工具，帮助他们掌控和引导销售过程，以节省交易双方的时间，更好地实现预期目标。

如果客户在整个销售过程中对你的销售陈述部分最感兴趣，觉得那是主要环节，也没有关系，因为这是你事先专门为他设计的展示活动，是与他建立融洽关系的一部分，也是你鉴定他是不是目标客户的过程（同时你还能了解到更多信息）。你的任务是为客户展示适合他的问题解决方案，而不是通用型方案。你为客户量身定做的解决方案会让客户觉得你的产品可以满足他独特的需求和愿望，而且可以提供他所需的信息，最终让他做出明智的购买决定。

有效的陈述技巧会提高客户立即购买产品的可能性，这是因为清晰的销售陈述所传递的信息更加明确，但并不能因此就认为它是销售的主要环节。

销售的主要环节有哪些

如果说最吸引客户注意力的环节是销售陈述，那么对于销售人员来说，最主要的环节就是收尾。在收尾环节，销售人员应该做以下工作：

- 对客户面临的问题进行总结。
- 对自己的解决方案能够为客户带来的好处进行回顾。
- 请客户立即采取行动，购买产品或服务。

注意 在这个过程中，双方可能会针对一些内容进行谈判，比如价钱、付款方式、交付日期和地点等。

收尾是销售工作的主要环节，因为收尾环节是客户做出决定的时间。**销售人员的本职工作就是说服客户做出购买决定**。

销售陈述以一种有说服力的方式为客户提供信息，将客户引导到需要做出决定的时间点，而收尾环节则充满了令人不安的不确定性，因为不知道客户会在“买”和“不买”两个选择中倾向哪一边。在为客户提供服务的过程中，你有一项重要的工作就是解除客户做出购买决定的顾虑，引导他最终做出双赢的决定。

在与客户会面时，销售人员的大部分不安情绪都来自收尾环节，因为这是最有可能听到客户说“不”的时候。第 10 章对与客户会面过程中的收尾环节进行了深入剖析。

如果“不”真的意味着“不买”

在有些情况下，你听到的“不”真的是客户给你的最终回答，但事实是，你仍然有销售机会，但你首先得赢得与客户保持联系的机会。你可能需要这么说：“苏，既然你在买我的产品之前还需要先处理其他事情，那我们再另约时间吧。你刚刚说有两个月的时间期限，那对你来说，什么时间最方便呢？跟今天一样，找个周三，晚上 7 点见面，怎么样？或者周四晚上，咱们当时安排这次见面时不就考虑过周四晚上吗？”你的目标还和以前一样，那就是抓住机会促成销售。在得到潜在客户再次拜访的同意后，把“不买”变成“现在不买”，就促成了新的销售机会。

即使在有些情况下，潜在客户不买你的产品，但他只要表示喜欢你的产品，你仍然可以请他把你推荐给其他人。原因很简单，他在公司没有权力决定购买你的产品，但这并不意味着他不认识有这个权力的人。如果他真的喜欢你推销的产品，他会很乐意把产品推荐给其他有相似需求以及更有可能立即购买的人。第 18 章的主题就是如何获得这种推荐。

你对真正的“不”的态度

由于在销售中，自我激励是唯一的真正动力，所以你必须要知道如何在心理上和情感上应对这些真正的“不”。有些培训师会告诉你永远不要以没有达成的交易结束这一天——如果交易没有达成，至少再去拜访一位客户，以成功的交易结束一天的工作。当然，你需要明白哪一种方法更适合你。总之，在争取下一次销售机会之前，让自己重新充满力量，这一点很重要。

这些都是你在进行销售陈述之前需要做好的准备。你要事先想好如果没有拿到订单该怎样做。换句话说，不要因此而受打击。

记住，潜在客户只会给你 3 个基本回答：“行”“不”或者“也许”。

你要尽可能地做好充足的准备，但也要明白可能会有很多因素由于你事先没有意识到，会对这次销售造成负面影响。如果你不建立一个应对失败或被拒绝的体系，那你往往还来不及享受顶级销售人员的生活就会被迫放弃销售事业。

处理“不”字的一个准则就是，把“不”和“行”或者“成交”联系在一起。根据你的销售成交率算出平均要联系多少人才能拿到一个订单，然后，想一想你自己平均能每个订单挣多少钱。

举例来说，如果你每联系 5 个人就会拿到一个订单，这意味着你会听到一个“行”和 4 个“不”。如果你每个订单能挣 1 000 美元，那这 4 个“不”都让你离这 1 000 美元更近了一步。因此，你可以认为每一个“不”都价值 250 美元。

这个策略假设的前提是，你联系每一位潜在客户时的目标都是拿下订单。你很清楚并不是每次和客户见面都会拿到订单，但你也应该明白，在每一次和客户见面时你都有拿到订单的可能。基于这个假设，该策略有助于你把重点放到行动层面上。

听到 4 声“不”之后，接下来你就会听到那声价值 1 000 美元的“行”。每当你听到一声非常明确的“不”后，就可以在心里说“谢谢你的 250 美元”，或者其他数额。然后，你就可以继续为抓住下一个销售机遇而努力，信心满满地觉得离拿到订单又近了一步。这是一个心理游戏，会给你的销售工作增加更多乐趣和舒适感。

把销售当成比赛

把销售当成比赛。这个比赛和其他比赛一样，都是建立在策略、训练和技巧之上。也许你是一个体育迷，当你看自己最喜欢的队比赛时，你很享受由此带来的兴奋和刺激。最受欢迎的运动员如何应对未知状况和对手的行动是比赛的焦点，也是全世界体育迷观赏比赛的乐趣所在。销售这项运动也是如此。

你可以把人们对彼此的说服看成一项极限运动。每个客户都是不同的，每个人都有：

- 不同的出发点。
- 不同的个性。
- 不同数额的资金。
- 不同的时间安排。

即便存在诸多不同点，但在销售会面过程中，一些基本的说服原则还是普遍适用的。这就意味着，销售人员每次和客户会面遇到的情况既多变又有共性，因此每次拜访客户都称得上是为了说服客户而进行的一次冒险。

作为销售人员，你对你的产品、公司和行业的了解让你获得了为他人提供服务的机会。在你提供的服务中，有一部分就是帮助客户尝试使用各种方法满足他们的需求，在他们说“不”之前和之后都是如此，这是一种值得为之骄傲和兴奋的服务。

下一章会讲述销售过程的不同模式，并介绍一个基本策略，让你在客户说“不”之后继续促成交易。

要点总结

- ◆ **在销售中，要把客户所说的“也许”视为“不”，直到你把“也许”变成“行”为止。**
- ◆ **人们在感到困惑时会说“不”。**
- ◆ **如果为客户提供过多信息，反而会由于信息超量或者使客户厌烦而失**

去客户。相比而言，更好的方式是仅提供少量信息，然后让客户主动询问更多信息。

- 如果你首次提出要成交时，客户还是不断地想要了解其他信息，这时你就要对销售陈述做出一些调整了。
- 客户所说的“不”的意思可能是“不，现在不买”。
- 在证明产品所能带来的利益的同时，你还需要证明自己的能力。
- 在销售中，提问题的人会控制并引导整个销售过程。
- 销售人员的本职工作就是说服客户做出购买决定。
- 即使在有些情况下，潜在客户不买你的产品，但他只要表示喜欢你的产品，你仍然可以请他把你推荐给其他人。

3

如何避免在销售中迷失

大多数销售人员遇到的最大困难就是在销售中迷失。他们严格按照自己事先排练过的销售陈述或过程来行事，在进行销售陈述的同时解决潜在客户的问题，消除他们的顾虑和担忧。

但是接下来，到了销售人员至关重要的环节，即交易的收尾环节。不幸的是，有时候销售人员并不知道如何自然地请客户签下订单。一般的销售人员会问一些只需要一个词就能回答的问题，而不是引导客户做出购买决定。他们之间的对话可能是这样的：

销售人员：“您还有什么问题吗？”

客户：“没有。”

销售人员：“咱们今天说的东西对您有用吗？”

客户：“有用。”

大多数客户不会说：“吉姆，我觉得这对我们公司来说是一套非常好的解决方案。我们来把相关文件签了吧，然后我可以把订购单给你，定下交付日期。”客户通常会等着销售人员来安排下一步该做什么。

毕竟从会面开始到现在，一直是销售人员主导着对话——提问题、展示产品以及消除客户顾虑。客户甚至可能都意识不到自己该做出购买决定了，他不知道这在销售过程中是很自然的下一步，而是在等销售人员指引。一般的销售人员可能并不确定该如何引导客户进入成交环节，同时又不失去客户。结果可能是出现非常尴尬的状况：客户对销售人员和产品逐渐失去信心。

这种情况听起来耳熟吗？这就是“在销售中迷失”。如果销售人员采取并遵循的是线性说服模式，这种情况就会出现。

线性说服模式

线性说服模式是这样的：

与客户建立融洽的关系→为客户展示问题的解决方案→回答客户的问题

很多销售人员的工作步骤是：和潜在客户见面，开始寒暄聊天，针对产品或服务进行陈述，然后回答客户的问题。接下来，他们就会自动进入“观望销售”模式，等待客户接下来做什么，而不是继续掌控销售形势，进而自然而然地收尾并最终成交。这种线性说服模式只会产生一个结果，就是在销售中迷失。

只要一迷失，很多销售人员就会想当然地认为，如果他们继续不断地重复客户需要购买这个产品的原因，客户最终就会说“行”。

他们是这样想的：不管什么时候，只要客户犹豫要不要买，就要继续推销、继续对客户施加压力、继续催促客户，直到他们购买为止。这不仅不是专业的销售做法，而且如果每周都这样工作的话，听起来也一点乐趣都没有。

那么，为什么这么多销售人员都按照这个说服模式进行销售呢？

- 因为他们只学到了这种模式。他们意识不到自己在说服客户时还能采取其他方法。
- 线性模式管用（有时候）。如果你见过的客户达到了一定数量，基本上任何模式有时候都会管用。但是，从长远来看，采用这种线性模式的代价非常高。这样可能会白白丢掉很多订单，而且还可能会惹恼一些潜在客户。

线性说服模式有助于销售人员顺利完成销售过程中的前几个步骤，但事实上，这个模式并不完美，它有两个缺点。

- 无法让销售人员在整个销售过程中定位自己所处的阶段。
- 如果客户不按照这个模式出牌，不在销售人员做完陈述或回答完他们的问题后说“行”，这个模式就不管用了。

大多数销售人员在刚开始和客户见面时就知道开局是否顺利，他们能判断出客户是不是对他们感兴趣、自己是不是让客户感到舒适。同样，大多数销售人员都能判断出自己在做销售陈述时表现得好不好，他们知道客户是不是在认真地听自己做陈述，也能判断出客户是不是理解和认同他们陈述的内容。即使在问答环节，大多数销售人员都能判断出客户是不是认同他们的回答。

线性模式最大的问题不在于和客户建立融洽的关系、向客户展示问题的解决方案或者回答客户的问题这些方面，而是在于，如果线性模式的最后一步走完了，接下来要怎么做。当客户了解了自己的真实需求，问题也得到了解答，难道……她什么也不做吗？基于这种想法，一般销售人员只会等着客户主动说，“我买了。”

在这个时候，一般的销售人员会不断地重复相同的信息、强调客户需要购买这个产品的理由，直到客户最终让步、决定购买产品，或者直到销售人员没话可说，收拾好他们的材料离开——丢掉了订单。记住：**讲述并不是销售**。

改变话题

按照线性模式思考的销售人员在听到潜在客户说“不”后（只要不是在陈述结束之后说的），就会感到无所适从。因为他们不知道如何在匆忙之中调整策略，只是按照线性销售模式为下一步该做的事做好了准备而已。这是一项真正的挑战。

挑战在于，对销售人员来说符合逻辑的事并不适用于客户。事实上，当潜在客户在销售过程中不按常理出牌时，销售人员常会猝不及防。这些销售人员是在努力遵守模式化的程序，而不是主动引导整个销售过程，而且最终他们会对销售过程完全失去控制。

在销售中，客户在做出理性化的决定时会用到逻辑，但在此之前首先要投入情感。因此，专业销售人员就担负起了一项至关重要的任务，即通过使用恰当的言辞和行动来引导和掌控销售过程，进而预测和应对客户的下一步行动。优秀的销售人员会很流畅地做到这一点，整个过程自然而然，客户甚至都意识不到自己一直在受销售人员的引导。比如，专业的导游只会讲解游客感兴趣的景点，如果没有要略过的景点，他们会集中精力把这些景点讲得生动有趣。

说服的 4 个步骤

作为一名专业的销售人员，你不能只等着潜在客户采取下一步行动，也不能让客户通过操控话题来掌控销售进程。如果你这么做了，就等于把决定下一步怎么做的权力交给了客户。很可能出现的情况是，你不会喜欢他们控制下的销售过程。

说服是一个简单的过程，只有 4 个关键步骤：

- 与客户建立融洽的关系。
- 了解客户的需求。
- 为客户展示问题解决方案。
- 在收尾时向客户提问题。

即便说服很简单，但也不总是那么容易做到，因为人很复杂。在你说服客户购买产品的过程中，影响说服结果的因素不计其数。永远要记住的一点是，客户的出发点、个性、问题、时间安排和资金限制是不同的。

有很多因素可以让专业销售人员的销售过程变得十分有趣——事实上也可能会让人招架不住。

你有没有想过，“我是不是需要先把所有的销售技能都学会，然后才有能力和信心说服客户购买我的产品？”

答案是“不需要”！如果你理解并实施了说服客户的 4 个步骤，你就会在销售行业中开创一番事业。多学一些销售知识会不会有助于你更有效地实施这 4 个步骤并且提高你的销售成功率？会的……但前提是，你要妥当地组织好这些策略，要让它们有助于你在和客户会面时最大限度地发挥优势。本书介绍了“说服客户的循环”，可以让专业销售人员以一种易于记忆的方式将所有的销售知识组织在一起，进而更好地运用它们，以拿到更多订单。

正确的推销也包括向客户提出恰当的问题。这是个简单的过程，但必须要学习和遵循。促成你和 A 女士成交的因素可能与促成你和 B 女士成交的因素完全不同，而且差别之大可能会让没有受过训练的观察者根本看不出两者的销售过程是一样的，直到你走到了最后一步——拿到了这两个订单。

根据你所掌握的与 A 女士交易的信息量大小，你的销售起点可能会高于或低于与 B 女士的交易。她们有不同的个性、兴趣、愿望、需求、资金限制和问题。即使是销售同一种产品，当面对不同的客户时，你的思考过程可能会完全不同。

对于缺乏经验的新手来说，这看起来似乎难以理解。但好消息是，尽管销售状况可能各不相同、各具特色，仍然有一些简单的原则可以帮助你促成销售。

简言之，如果你理解了推动销售进程的基本因素，你就能确定你在说服客户的过程中处于什么阶段，以及下一步该怎么做。

当读到本书的最后，你会从头到尾地彻底理解说服客户的循环这一销售模式的结构。它会让你更高效地卖出任何类型的产品或服务。这项专业技能会让你享受到更多乐趣、赢得更多订单并最终赚到更多钱。

要点总结

- **大多数销售人员遇到的最大困难就是在销售中迷失。**
- **客户甚至可能都意识不到自己该做出购买决定了。**
- **如果客户不按照线性模式出牌，不在销售人员做完陈述或回答完他们的问题后说“行”，这个模式就不管用了。**
- **讲述并不是销售。**
- **客户在做出理性化的决定时会用到逻辑,但在此之前首先要投入情感。**

第二部分

说服客户的循环

4

建立说服客户的循环

为了简化销售过程，我希望你开始遵循一个路线图，而这个路线图会有助于你达到销售的理想目标——拿到订单。这个路线图叫作“说服客户的循环”，如图 4.1 所示。

花点时间看一遍这个循环，每一步都仔细看看。请尽量记住这个循环的过程，因为这会是本书的重点，而且也是你掌握独特、有效的销售方法的关键所在。

通过学习这张图，你会掌握说服客户的 4 个步骤，进而让你的销售事业最大化地取得成功。在几乎所有的销售过程中，都有这 4 个关键步骤：

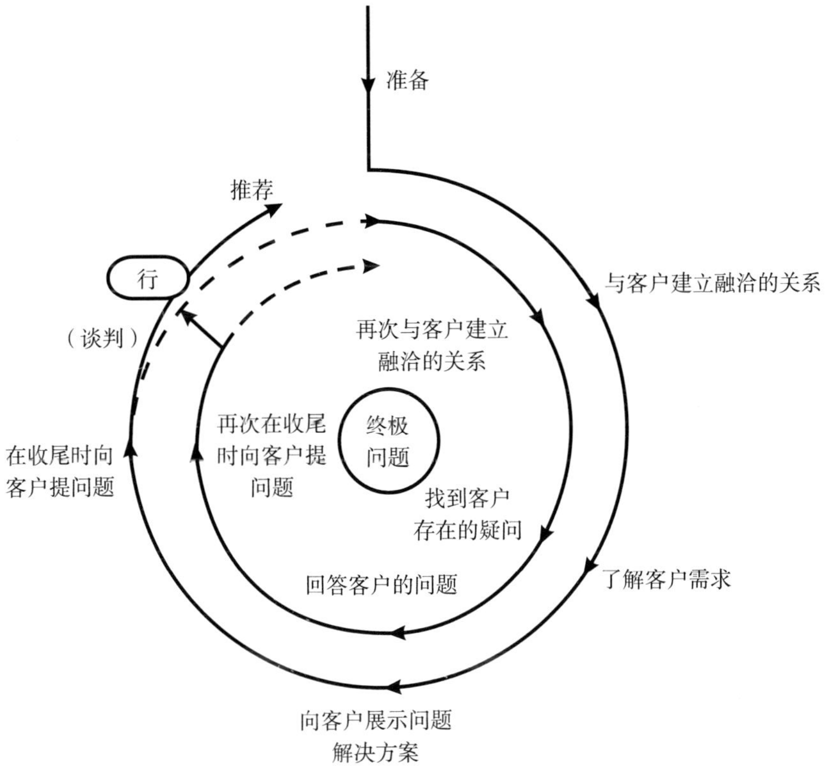

图 4.1　说服客户的循环

- 与客户建立融洽的关系。
- 了解客户需求。
- 向客户展示问题解决方案。
- 在收尾时向客户提问题。

最重要的是，当客户在你完成第四步后对你说“不”时，这个说服客户的循环会帮你重新挽回客户。

根据你在销售过程中所处的具体阶段，在采取下一步行动时有如下 3 个潜在选择：

- 问一个问题，收集你需要的信息或者阐明你的观点。
- 做陈述，回答客户的问题。
- 保持沉默。

就是这样：4 个步骤，3 种可能采取的行动。说服客户的循环既易于理解，又易于记忆。以下是对说服客户的循环的简单概述。

与客户建立融洽的关系

在销售过程中，销售人员经常会遇到客户抗拒销售的情况，为了缓解令人尴尬的气氛，这种时候你应该和客户聊聊天，消除这些阻力。在这一阶段，你同时也要证明自己是值得信任的，以便让客户放松下来，坦率地说出他们的需求以及希望下一步做什么。

了解客户需求

在这一阶段，你要向潜在客户提出恰当的问题，进而确定你是否能为他们提供帮助。关于你提出的问题的类型和如何逐步递进——从建立融洽的关系到开始对产品进行陈述，在接下来的几章中会具体阐述。最终，你将会掌握一系列特定的问题来问客户，进而了解影响客户购买的因素有哪些。这些问题会有助于你确定销售陈述的重点，在第一次和客户见面时就能拿到订单。

向客户展示问题解决方案

在销售陈述过程中，应为客户购买你的产品或服务提供充分的理由。在描述产品特性和优点的过程中，你要体现出产品更深层次的价值。另外，你还要知道，面对价格更低的竞争产品，如何凸显自己产品的价值。

很多专业销售人员认为，销售陈述是整个销售过程的主要环节。这种想法来源于一种错误的认识：如果你对一个人进行了教育，这个人就会买你的产品。事实并非如此。在说服客户的循环中，你会看到销售陈述只是向客户介绍产品或服务信息，提出问题解决方案的一部分，而其下一步，“在收尾时向客户提问题”才是主要环节。

在收尾时向客户提问题

事实上，销售过程的收尾环节才是主要环节。这个环节从你请求客户做出购买决定的那一刻开始，而你之前与客户的所有交流都是为了让他做出购买决定。记住：**你的本职工作不是做陈述，而是拿到订单**。

在这一阶段，你将会认识到销售人员在销售陈述结束时最常犯的两个错误，以及“试探性促成交易”与“直接促成交易”这两者的巨大差别。

内循环过程

祝贺你！你已经完成了说服客户的循环中的外循环部分，并且把客户引导到了第一个需要做出决策的时刻。接下来，可能会出现以下 3 种结果：

- 客户想买。
- 客户想谈判（讨价还价）。
- 客户提出一个问题或顾虑。

在这种情况下，说服客户的循环能为你提供非常有价值的思路。在回答问题或消除客户顾虑的过程中，你要像当初把他引到第一个决策时刻时那样，仍然采取那 4 个步骤！在第二轮说服客户的循环中，每个步骤会出现得更快，而且会让你离最终成交更近一步。

1. 再次与客户建立融洽的关系

回答客户问题或消除客户顾虑的第一步就是要再建立起融洽的关系。销售人员永远要记住一点：对很多客户来说，不管面对哪种类型的问题，做出重要的决定都很难。和内循环中的其他步骤一样，再次与客户建立融洽的关系只需要花一点点时间就能做到，但却至关重要。你可以说“很高兴您问这个问题”或“谢谢您提这个问题”，仅仅用这一句话，你就向客户传递了一条信息，即客户即使没有马上说“行”也没关系。你的目标是让客户放松下来，进而避免让他更加抵触你推销的产品或服务。

2. 找到客户存在的疑问

你没有必要马上就对客户所关注的问题做出回应！你可以选择向客户进一步提问，以明确他们的关注点。你可以问“这是您唯一的问题吗”或者“当我解答了您的问题之后，您是准备今天购买吗”。你越是了解客户疑问和顾虑产生的背景，就越能有效地给予回应，并且促使他们决定购买。

3. 回答客户的问题

当你了解了客户提出问题的背景后，就要做好准备回答了。你的回答从本质上来说是一次简短的销售陈述，它的用时较短，只是之前正式销售陈述的一小部分。在这次小型销售陈述结束之后，下一个至关重要的环节到来了，你要在收尾时向客户提问题。

4. 再次在收尾时向客户提问题

对客户的问题和顾虑做出回应之后，你要再次请客户做出购买决定。在销售过程中，提问题的人掌控着销售的方向。**如果客户向你提出了问题，你要清楚地回答，然后在回答完之后，再反过来向客户提出一个问题，促使他们马上做出购买决定。**

提出终极问题

说服客户的循环什么时候结束呢？你是不是要按照这个循环一直进行下去？不是。在某一个节点，你会发现自己已经回答了客户的所有问题，而客户只是在拖延做出购买决定。

你的最后一步是，卓有成效地请客户马上做出购买决定。如果你竭尽全力做了一次详尽的销售陈述，那在向客户提出终极问题之前，不要结束这次会面！到了这个时候，你什么都不会损失，不管有什么结果都是收获。

在说服客户的循环的最终环节，面对有些客户，你要使用一些谈判技巧。客户有时候会想要更改销售条款，这时你需要把**谈判请求**从**客户顾虑**中分辨出来，并且要知道谈判的4个准备步骤。谈判会用上你所有的销售技巧，是你说服能力的终极证明。记住：当客户开始和你谈判的时候，就意味着他已经决定购买你的产品了，现在只需要确定细节就行了。

后退一步

在整个说服客户的循环中，有一些细微差别和步骤可能会导致客户产生说“不”的想法。在深入探究说服客户的循环的细节之前，明白在销售的起始阶段，发生什么情况会让客户对购买你的产品产生担忧或疑虑，这是非常重要的，而这就是下一章节的内容。

要点总结

- **记住销售过程的4个关键步骤：（1）与客户建立融洽的关系；（2）了解客户需求；（3）向客户展示问题解决方案；（4）在收尾**

时向客户提问题。

- 当客户说“不”时，你可能采取的 3 种行动：（1）问一个问题，收集你需要的信息或者阐明你的观点；（2）做陈述，回答客户的问题；（3）保持沉默。
- 在销售陈述过程中,应该为客户购买你的产品或服务提供充分的理由。
- 始终记住：你的本职工作不是做陈述，而是拿到订单。
- 在对客户的疑问和顾虑做出回应之前，要先和客户再次建立融洽的关系。
- 你没有必要马上就对客户所关注的问题做出回应！你可以选择向客户进一步提问，以明确他们的关注点。
- 在说服客户的最后环节，要卓有成效地请客户马上做出购买决定。

5

客户是因为你的原因才说“不”的吗

让我们退回到最开始，从那时说起。不是从你和客户见面时，甚至也不是从你第一次联系客户时，要退回到远在销售过程开始之前，从你还在想靠什么工作谋生的时候说起。我们坦诚地交流一下关于你自己以及你对销售事业的想法。

如果你不相信自己工作的价值，就很难为做好它而尽最大的努力。生活中的很多事情都是如此，在销售行业这一规律更为明显。如果你不相信自己的产品或服务，那别人也不会相信。

你是在空手套白狼吗

销售这个工作需要你永远处于最佳状态。这和体力劳动不一样。如果从事体力劳动，即使你又累又饿，正在生气或走神，仍然有可能按标准完成工作。

销售工作不一样，如果你不是处于最佳状态，立即就会从销售结果中体现出来。销售技巧如果运用得好，客户不会感觉到你运用了技巧。当你在销售中处于最佳状态时，客户会觉得你是一个讨人喜欢的人，只不过是凑巧了解你所销售的产品罢了。

但是，当你不在最佳状态时，销售策略的运用就会显得非常拙劣。事实上，如果你的技巧不纯熟或者态度不好，你全身上下的各个毛孔都会散发出这个信息。客户会意识到，你是在很明显地试图对他们使用学到的策略和技巧。销售人员很难在客户面前掩饰自己对职业或产品的态度和感觉，如果你不喜欢你的公司、产品或行业，他们马上就能感觉到。如果你不想和某位客户打交道或者你不喜欢他这个人，他也会感觉到。

你是谁、你相信什么，以及你如何管理自己的情绪和感受，这会影响到你在销售中取得什么样的成果，以及你在工作中取得多大的成功。因此，我们来分析一下每个人都会有的一些复杂想法和感受，看看它们是如何直接影响销售业绩的。

你真的相信产品和服务的价值吗

你对自己的行业和所销售的产品认同度有多少？销售行业里有一句格言——“在销售中不能空手套白狼”，这句话对你来说意味着什么？

这句话意味着，如果你想在销售这一行出类拔萃，你推销的产品必须要有价值。因为潜在客户在购买产品之前必须要先认同产品的价值，那么你作为专业销售人员，首先认同产品的价值就显得更为重要。

你觉得销售人员有可能卖出连他们自己都不相信有价值的产品和服务吗？实际上，很多销售人员对以下内容并不完全相信：

- 他们的产品或服务的价值。
- 他们的定价结构。
- 他们的公司能为客户提供优质服务，或者他们的公司会考虑客户的最大利益。
- 他们的销售经理或公司管理层很称职。

在你所在的公司和行业中，你相信或者认同什么？现在该认真考虑一下这个问题了。你对自己向客户和潜在客户推销的产品或服务的认同度，直接影响着你能拿到多少佣金。事实上，你的佣金像一面镜子，能反映出你为客户提供了什么样的服务。大多数人发现，如果不相信自己的产品对客户有价值，就很难向客户提供优质的服务。你对产品和行业的认同度直接影响着你对工作的满意度，也直接影响着你在销售行业中能发挥出多大的潜力。如果你不喜欢自己的工作，那你在潜意识里就会限制自己的能力，从而无法做到出类拔萃。

很多销售人员极为迫切地想要学习新的销售技巧，以增加自己的销售收入，由此往往导致他们忽略了自己的内在动力，而内在动力对他们销售技巧的运用效果至关重要。你内心对销售行业和自己产品的认同度是你在整个职业生涯中表现好与坏的基础，你认同这一点吗？花时间思考一下自己对行业和产品的信念，会大幅提升你的销售收入。

你面对的首要问题是，想清楚以下两个问题的答案：

- 你为什么推销这些产品和服务？

- 它们有什么特性让你觉得兴奋？

有人可能会认为这些问题是在问产品和服务的特性和优点。实际上，我们说的是更深层次的原因——你为什么选择自己所在的行业和公司？如果看到客户因为使用了你推荐给他们的产品或服务，而让他们的生活变得更好或者获得了更多利润，是不是会让你觉得兴奋？花一点时间列出你的客户从以下几个方面得到的价值：

- 你所在的行业。
- 你所在的公司。
- 你的产品。
- 你的个人专长和服务。

既然你已经列出了销售过程中令人兴奋的几个方面，再写一写你可能会在哪些方面遭到客户的质疑或令客户担忧吧。

- 是你的定价结构吗？
- 是你的产品质量吗？
- 是你公司的客户服务水平吗？
- 是你公司的财务稳定性吗？
- 是关于你的行业或公司的负面新闻吗？

正面面对吧，把困扰你的问题写在纸上有助于你释放隐藏的精神压力，避免这些压力对你的销售工作产生负面影响，还能让你更加客观地看待你的忧虑，通过把这些担忧和质疑情绪与销售过程中令你兴奋的方面进行比较，能让你获得一个全新的视角，最大限度地弱化负面感受。

这个过程会让你更好地利用内在动力，帮助你在销售事业中取得骄人的成绩。现在，把你认为销售中不那么令人兴奋的方面写出来吧，然后想一想这些方面会如何影响你的销售结果，想一想如何才能改变这些问题对你的影响程度。然后，在你能改变的方面付出努力。最后，接受那些你无法改变的方面。

如果你认定自己推销的产品不是好产品，那就应该找一份更好的产品来推销。有太多的销售人员犯了同一个错误，即推销一些容易卖的产品或者佣金高的产品。这种想法有一定的逻辑道理。然而，如果想确定一种产品去推销，更好的办法是，你要在这种产品中找到一种让你认同的价值。这样做的原因是，人们在买东西的时候不用逻辑，他们会从感情上先决定买某样东西，然后再用逻辑来维护自己所做的决定。销售人员必须热衷于自己所推销的产品，必须选择自己内心喜欢的产品，然后再用逻辑说服客户购买。

然而，现实情况是：如果你想找到完美的公司或者完美的产品，那会花很长很长时间。没有公司和产品是完美的。公司是由人组成的，而人是不完美的。如果你认为自己必须要先找到一家完美的公司，然后才能尽自己最大的努力去工作，那你永远都不会发挥出你的全部潜力。

那些伟大的公司也并不是完美的。它们之所以伟大，是因为它们为客户提供高价值和优质的服务，而且如果它们犯了错误，会很快地采取补救措施。这和做一家完美的公司有很大不同。

因此，问题不在于你的公司或产品存在瑕疵，而在于你的公司是否能为客户提供真正的价值，是否能让你在推销产品时心里有真正的认同感。

要点总结

- **销售人员很难在客户面前掩饰自己对职业或产品的态度和感觉。**

- **如果你不相信自己的产品或服务，那别人也不会相信。**
- **你对自己向客户和潜在客户推销的产品或服务的认同度，直接影响着你能拿到多少佣金。**
- **你的销售技巧越好，在决定自己能在哪里工作和挣多少佣金时的选择就越多。**

6

你和客户建立并维持的关系够融洽吗

永远不要忘了，当你和潜在客户见面时，销售的第一步就是和他们建立融洽的关系，如图 6.1 所示。这是基本礼节，也是公认的准则。这么做可以让你讨人喜欢，还会让客户觉得你和他是站在一边的——是他们可以真正信赖的专家。

在所有的销售过程中，谈正事之前先与客户建立起融洽的关系都至关重要。

如果这一步没做好，或者干脆直接跳过了这一步，那你在随后的销售环节中听到“不”的概率会大大提升。不需要鉴定潜在客户是不是目标客户，就直接向客户展示产品的情况很少出现——尽管在有些销售类型中，可能不

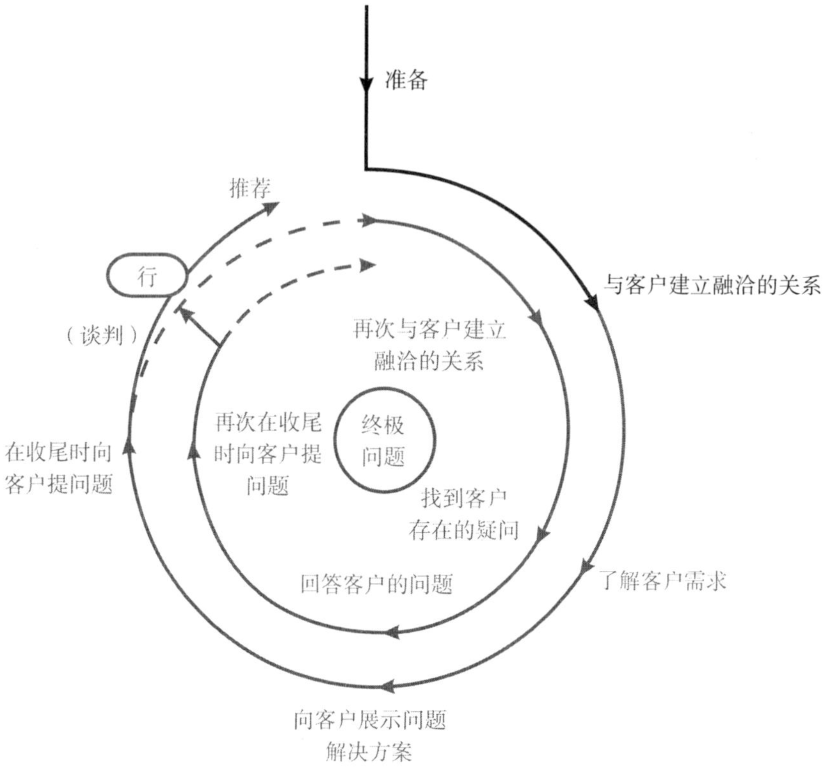

图 6.1　说服客户的循环（与客户建立融洽的关系）

需要在这一步花费太多精力就能把产品推销出去。

这种情况可能出现在提供应急服务的时候，比如暖气维修。客户会倾向于认为你是你们公司派出的合格的、有胜任能力的人员，很快就能解决他们的问题。他们可能不会在乎你和他们是不是有共同点。在他们心中，你和他们唯一的共同点可能就是都在努力解决这个紧迫的问题。你需要做的就是保持良好的态度，而且工作时要专业。

然而，这种情况很少出现。几乎在所有的销售情况下，要让客户相信你的能力并且信任你，与客户建立真正融洽的关系都至关重要。

为什么融洽的关系能提高销售成功率

在大多数销售中，你所建立起来的关系的融洽程度会直接影响你是否能够拿下订单。如果客户感觉到你时刻把他们的核心利益放在心上，他们就会更乐于回答你的问题并会告诉你他们的需求。**融洽的关系让人觉得舒服，进而让人信任你**。融洽的关系建立起来后，客户会更加关注你的销售陈述。而且，当你解答他们的问题或顾虑时，他们也会更相信你说的话。

下面，我们从最开始的部分——约见客户开始，看看你的哪些做法是正确的，以及如何更好地和客户建立融洽的关系。

你已经到了客户的办公地点，或者客户到了你的办公地点。你现在和客户面对面。你将如何开始销售？

（1）微笑

这似乎有点陈词滥调，但你会惊讶于每天脸上挂着自然微笑的人有多么少。玩一个游戏：找一天时间看一下镜子或玻璃窗中的自己，数一数自己一共有多少次微笑。如果你和镜子中的自己有了眼神接触之后才露出笑容，不能计算在内。如果你和潜在客户见面时看起来不开心，那整个销售过程就算开了一个坏头。

相同的策略也适用于电话销售。客户能从你的语调中“听”出来你有没有微笑。可以考虑在桌上放一面小镜子，每天都能从镜子中看几次自己的脸，数一数你有几次看见镜子里的自己是微笑的。如果发现自己脸上大多数时间都没有笑容，那就把“微笑”这两个字写在纸上，粘在电脑屏幕的底端或者你一天中经常能看到的其他地方。然后，在接电话和打电话之前都要微笑。这听起来可能不值一提，但相信我们，这一点很重要。

（2）闲聊几句

你的目标是发现客户对哪些事情感兴趣，并且享受几分钟的闲聊时间。闲聊的主题可以涵盖家庭、体育运动、宠物、兴趣爱好、旅行和汽车，等等。

注意 除非在特殊情况下，否则要尽量避免聊天气。这个话题太老套，而且没人能改变天气。这种对话聊不下去。

我们为什么要鼓励你把宝贵的时间用在聊与正事无关的事情上呢？这是因为客户往往对销售持怀疑态度，甚至是恐惧心理。这是客户从别人的经验中学习到的反应，而且这也正是导致客户对销售产生抵触情绪的源头。很不幸，人们对销售人员的看法有很多，而且大部分都是负面的。你的潜在客户在多年以来一直听到的可能是如下说法：

- 有人在花钱时做了错误的决定，最后的结果很糟。
- 销售人员都是骗子，不能相信。

关于这一点，看看电影和电视剧是如何刻画销售人员的，你就会明白，而和客户建立融洽的关系，会有助于你打破大多数人由于恐惧心理所设置的障碍。

和客户建立融洽的关系，绝不仅限于此。优秀的销售人员还喜欢花一些时间让客户知道自己不仅仅把他们视为客户。对一些销售人员来说，这种做法也能让他们放松下来，缓解销售前紧张的情绪，以一种舒适的状态谈业务。经过繁忙奔波的一天后，最好做一下深呼吸，花几分钟时间让节奏慢下来，然后再着手准备明天的销售。

闲聊是与客户建立融洽关系的两大主要方法之一。第二种方法是通过非语言行为与客户建立融洽的关系——本章稍后会对此进行具体讲述。现在，请先记住以下几点：

- 如果说“说服客户”是“发动机”，那么“融洽的关系”就是让发动机运转的“油”。
- 融洽的关系会为你争取到时间进行销售陈述并解决客户的顾虑。
- 融洽的关系会增加客户想与你进行业务往来的可能性。
- 融洽的关系能让客户在你表述不清或犯错时更宽容。

建立融洽关系的三大原则

和客户建立融洽的关系有 3 条原则，这些原则有助于你理解为什么建立并巩固融洽的关系会提高客户购买你的产品或服务的可能性。

（1）客户喜欢和自己有共同点的销售人员

你有没有注意过朋友之间彼此的行为是怎样的？朋友之间聊天时，他们的语速和声调往往类似，行为也类似，比如他们的姿态、面部表情和手势等。当你与客户建立融洽的关系时，这种行为上的改变就会出现，你和客户的行为渐渐会变得相似。随着你的行为和客户越来越像，他们就会更容易喜欢你。

如果你不信的话，想一下上次和一个在姿态和手势上完全不同于你的人在一起的情景。最初，你可能会觉得不太舒服——想尽力弄清楚他的那些姿态和手势代表什么意思。实际上，你是在试着把他的身体语言转换成你能理解的东西。一旦你理解了他表达的意思，可能就会觉得和他在一起变得舒适一些了。问题不在于那个人是否招人喜欢，而在于你是否理解了他的意思。

乔恩•伯格霍夫（Jon Berghoff）引用了苏珊•凯恩（Susan Cain）的畅销书《安静》（*Quiet*）中的一句非常精辟的话——人们并不是因为了解我推销的东西才买的，他们之所以买，是因为他们觉得我理解他们。这就是与客户建立融洽关系所要达到的目标——让你的潜在客户觉得你理解他们。如果方法得当，客户的这种想法会让他们在一定程度上喜欢你、信任你。

招客户喜欢与成交概率有什么关系？以下两条原则对其重要性进行了解释。

（2）客户往往信任招人喜欢的销售人员

这是人的本性，在大多数情况下都是这样。当你与自己毫不了解的人接触时，这条原则尤为明显。喜欢你的客户比不喜欢你的客户更相信你关于产品的描述，这是人类行为的真实状况，如果逆而行之，将会弱化你对客户的说服效果。如果你做的事和说的话能让别人觉得自在、放松，别人就会喜欢你。

（3）客户喜欢从招人喜欢的销售人员手里购买产品

你有没有遇到过你不喜欢的销售人员向你推销产品？也许你不是不喜欢产品，而是不喜欢他的个性或者说话的方式。你当时想和那位销售人员进行业务往来吗？可能是不想。除非急需这种产品，否则大多数客户不会与自己不喜欢的销售人员进行业务往来。

请注意，与客户建立融洽的关系是一个不得即失的过程，而不是回报的过程。之所以这么说，是因为客户喜欢你并不一定意味着他们会通过购买你的产品来回报你。然而，如果客户不喜欢你，他们可能就不会与你有任何业务往来。如果和客户没有融洽的关系，后果就是早早地丢掉订单。

举例来说，销售人员所在的公司可能是业界领先、信誉良好的公司，但如果客户觉得这位销售人员狂傲自大、态度居高临下，他们就不太愿意下订单。他们做出这种决定，并不是因为这家业界领先的公司推出的产品和服务价值不高或者定价不合理，而仅仅是因为销售人员看起来不招人喜欢。

这就是你在说服客户时面临的实际情况。在整个销售过程中，你必须要建立并始终维护与客户的融洽关系。

如何提升你与客户之间的融洽度

和开车一样，与他人建立融洽的关系是一种可以学习的技能。这项技能包含很多具体的因素和规则，而且这些因素和规则需要用到很多策略。

与客户建立融洽关系有如下两种基本方法：

- 语言——通过你所说的话。
- 非语言——通过你的行为。

接下来，我们对这两种方法分别进行深入分析。

（1）通过语言与客户建立融洽的关系

销售人员在与客户建立融洽的关系时，最常用到的方法就是聊一些双方都感兴趣的话题。例如，你走进客户的办公室后，花一点时间环视一下办公室。

- 如果看见客户墙上挂着一个鲈鱼标本，你和客户聊天时就该问一些关于钓鱼的问题。
- 如果看见客户桌上放着家庭照片，就该问一些关于家庭的问题。
- 如果看见体育比赛的奖杯、汽车模型或者国外旅行的照片，就该问一些关于这些主题的问题。
- 如果你做的是企业对企业的销售，就可以问一些关于客户公司的问题，以及客户本人在这家公司工作了多长时间等。

闲聊是一种与客户建立融洽关系的好方法。如前所述，进入客户办公室后快速环视一下会让你明白客户真正的兴趣是什么。当然，如果客户不健谈并且他的办公室中没有任何线索，真正的挑战也就出现了。

销售人员：“您有孩子了吗？”

客户：“没有。”

销售人员：“接下来要去什么好玩的地方旅行吗？”

客户：“不怎么喜欢旅行。”

销售人员：“您有最喜欢的球队吗？”

客户：“不喜欢体育。”

销售人员：“您平时都玩些什么？您有什么爱好？”

客户：“没有。”

销售人员：“呃……”

如果闲聊是你和客户建立融洽关系的唯一策略，那么不健谈的客户就会对你的整个销售进程造成严重冲击，而且也会降低成交概率。好消息是，这些客户在你面前不健谈，在你的竞争对手面前同样也不健谈。

如果客户不怎么爱说话，你可以采取一种语言策略，即让这位潜在客户意识到你和他在很多方面都很相像。你可以这样说：“我在业余时间，和您一样也是消费者。当我考虑要买什么东西的时候，我希望给我推销产品的人对产品非常了解，几乎能回答我提出的所有问题。我今天的任务就是成为您可以依赖的人，让您能了解更多信息。所以，您有什么想法尽管说，可以提任何关于产品的问题和顾虑，我会尽我所能给您解答。”

这样说的目的是试图让潜在客户明白你是站在他那一边的——你来这儿是为了帮助他。

（2）通过非语言行为与客户建立融洽的关系

与客户建立融洽关系的第二种方法是通过你的非语言行为。在销售过程中，声音和肢体语言会对你和客户之间的亲密关系产生影响。“声音”是指你的语气、音量和语速；“肢体语言”是指你的姿态、面部表情和手势。

在销售过程中与客户交流时，要在语言和非语言行为上保持一致。如果你在称赞自己产品的价值，而你的声音和体态却流露出了不自信或犹豫，那你的说服力就会大大下降。套用一句大家耳熟能详的话就是：在销售过程中，行动比语言更有说服力。

如果你对潜在客户所说的话与你通过非语言行为所表达出的意思冲突，那你就该重新审视一下自己对公司产品或服务的认同度，以及对销售事业的热爱程度。

正如第5章所述，你的认同度直接影响着你的说服力以及随之而来的销售结果。你对产品的认同度会在不知不觉中通过你的音调和肢体语言让客户意识到。没有多少秘密能瞒得过客户！

我们接下来详细了解一下，你的音调和肢体语言是如何对销售过程产生影响的。

① 音调

音调是指你在销售过程中与客户对话时的发声方式。如果你主要是通过电话来销售产品或服务（不召开视频会议），你的音调就是你进行非语言交流的唯一工具！

在销售过程中，积极的音调会将你的热情和对产品的认同度有力地传达给客户。相比之下，持等待观望态度的销售人员认为，产品或服务本身就可以说服客户购买。他们觉得，热情确实很有用，但客户想买就是想买，不想买就是不想买。因此，这些静观其变的销售人员在做销售陈述时草草了事，很少会在意销售陈述的方式。如果客户不直接购买他们的产品，这些怨天尤人的销售人员就会耸耸肩，然后开始抱怨命运不公，偏偏让自己遇上了这么冷淡的客户。

绝对不要犯这个错误！你如何讲述销售陈述的内容将直接影响说服客户的结果，如何促使客户购买将直接影响他们最终的购买决定。音调中最有说服力的三个要素如下：

a. 音量

注意你的音量和客户的音量，这一点非常重要。你和所有客户说话时都用同样的音量吗？不。很多销售人员认为，要想说话时表现出热情，就必须大声说。事实未必如此。不管你是大声说话还是轻声细语，都能热情地和客户交流。

和客户说话时声音应该多大呢？就是调整你的音量和声音强度与客户相适应。

理想情况下，在开始对话的90秒之内，你就能在语速和音量上和客户保持一致。如果客户的声音很大，你也会想要提高自己的音量，进而和客户保持一致。客户说话声音大，可能是因为听力有问题，也可能因为平时就是大嗓门。

注意

当你觉得自己应该比平时说话的声音大时，还要考虑周围的环境。你肯定不希望看到自己和客户互相大喊大叫吧。

如果客户低声细语，你就要降低自己的音量。不需要和客户的音量完全一致，相对接近即可。之所以这么做，是因为要让客户觉得和你在一起比较舒服。

在销售过程中，销售人员要考虑客户的想法。如果客户说话轻柔，而你的声音却很大，客户可能会觉得你是那种过于吵闹的推销员，你可能会因此丢掉订单。如果客户说话声音洪亮有力，而你的声音却绵软温和，客户可能会觉得你对自己的公司、产品，或者对自己没有信心。他随后可能会试图主导销售过程，而你可能会失去对销售过程的控制。

关于音量的问题不在于究竟是大声还是小声更有说服力。在上面两个例子中，问题在于你和客户在音量上的不同。在音量上与客户不匹配是一件后果严重的事。如果音量差别过大，客户的注意力会被分散，难以专注于接收你在销售陈述中传达的信息，因而你通常会丢掉订单。与客户交谈时，你的音量要与客户保持差不多大小，但要处于你声音的自然范围内，要让这成为一个习惯。

b. 语速

这一点也很重要。在每个销售过程中，你的语速都是一样的吗？根据与客户建立融洽关系的原则，你的语速应与客户的语速相近。有些销售人员误解了“热情地表达”的意思，他们认为“热情地表达”就等于“说得快”。事实并非如此。无论语速快慢，你都能饱含热情地和客户交谈。

销售人员通常认为，语速和音量是密不可分的。他们的语速越快，音量就越大，而他们自己一般不会注意到这一点。但是，如果你的语速与客户的语速不一样，他们可能会非常在意……并且就此打消了购买的念头。

关于语速的问题不在于语速快慢本身，而在于你和客户在语言行为上的差别会破坏你们之间的融洽关系。所以，与客户交谈有一个关键的原则——在行为或语气上，不要与客户的差别太大，要让客户始终处于最舒适的状态。

如果客户的语速从容不迫，而你的语速则快很多，你可能会给他留下什么印象？他是否会觉得你是那种典型的语速极快、让人有压迫感的销售人员？如果客户是风风火火的急性子，说话很快，他会对说话慢吞吞的销售人员有什么想法？他是否会觉得你不够积极，或者再退一步讲，觉得你反应迟钝？所以，你的语速要和客户的语速尽量相近。

c. 发音吐字

音调中经常被忽视的一个方面是吐字清晰。要记住一个原则：人们感到困惑时会说“不”。**如果你说完后，你的潜在客户只理解了 80% ~ 90%，那他们下意识的反应就会是说“不”**。

在与客户见面的前几分钟里，发音吐字尤为重要，因为那正是客户适应你的声音和销售方法的时候。在这个短暂的时间里，客户会对你产生一个印象，而在后续的销售过程中，你可能很难改变这个印象。如果你发音吐字不清，客户可能就会认为你不值得他费力去理解你所说的话。如果你为了安排和客户见面投入了大量时间和精力，却由于自己发音吐字不清在刚开始几分钟后就丢掉了订单，难道不令人遗憾吗？

在给客户电话留言时，清晰地说出你想说的话也至关重要。想象一下，一位事务繁忙的潜在客户在听数十条电话留言时的情形，他听了你的电话留言，但留言的最后你在说自己的名字或者电话号码时，声音含糊不清或者语速太快，那会是什么结果？你觉得这位潜在客户会为了听清你说的话而不厌其烦地反复听你的留言吗？可能不会。发音吐字要足够清晰，以让人听明白，因为如果潜在客户不明白你的需求，他们最有可能采取的行动就是什么都不做。

② 肢体语言

如果你亲自拜访客户或者通过视频与客户交流，有一点要明白：你的热情以及对产品的认同程度大部分都能通过你的肢体语言表现出来。行动真的比语言更有说服力！以下几种方法可以让你的非语言行为像销售陈述一样，传递出相同的信息，最终让你拿到订单。

注意

每次与客户进行视频通话前，都要先打开你的摄像头，仔细看看你的潜在客户通过摄像头一会儿能看到什么。

- 你的办公桌乱吗？如果乱，这向外界传递的信息不是你很忙，而是你没有条理，做事杂乱无章。
- 你背后有没有什么照片可能会分散对方的注意力？
- 你背后有没有开着的门，是不是有人随时会经过？
- 你背后的植物会不会看起来像是从你头上长出来的？
- 你房间的灯光是不是太暗，或者会投映出令人毛骨悚然的阴影？

我们并不是建议你用尽一切办法让办公室变成能够拍摄达到放映级别视频的地方，但要尽力保证让潜在客户除了看到你的笑脸和得体的姿势以外，不要被任何事物分散注意力。

a. 姿势

与客户建立融洽关系的一个好办法是和他们保持相似的姿势。根据与客户建立融洽关系的原则，如果客户坐得笔直，你的坐姿就应该端正一些；如果客户非常放松地靠在椅子上，那你的坐姿也应该放松一些——但不要像客户那么放松，和客户相近就好了。

你的目标不是模仿客户的行为举止，而是要避免出现与客户相反的行为。大多数客户不会有意识地注意你的姿势，但如果他们和你在一起感觉很舒服的话，就会注意。

姿势上的不同可能会让客户觉得不舒服。如果客户坐得笔直，面前的办公桌上堆满了各种工作文件，而你却放松、随意地靠在椅子上，那他会怎么想？觉得你态度不积极？或者更糟，觉得你在他这么忙的情况下还不尊重他的宝贵时间？如果客户放松地靠在椅子上，而你却坐得笔直、身体前倾，那他又会怎么想？他可能会觉得你咄咄逼人，让人有压迫感。简言之，尽量和你的客户保持类似的坐姿和站姿。

当面对客户时，你的姿势有以下两种基本类型：

对称型

对称型姿势的意思是，客户在你的正对面。不管是坐着还是站着，你的肩膀和腰与客户的距离都是一样远。坐着的时候，你的腿没有交叉，两只脚都在地面上。站着的时候，你的两条腿承受的重量一致，没有靠着墙，也没有斜向某一边。

非对称型

非对称型姿势的意思是，你的肩膀和/或腰稍微侧向一边，客户的目光要偏向一定角度才能直接面对你。你的头部必须得向一边稍微侧一点才能直面你的客户。双腿交叉也会造成姿势不对称。

在与客户见面时，哪种类型的姿势最具优势？刚开始时，似乎对称型姿势更适合于商务活动。因为你是参加商务会见，而不是社交活动，所以正式的姿势更合适。几十年前可能是这样，但如今这种姿势可能会被下意识地视作是一种侵略性姿态。由于销售过程中的首要目标是与客户建立融洽的关系，因此在姿势上和客户相配可能也意味着，要采用一种更为放松的非对称型姿势。这可以让你通过肢体语言证明自己是和客户站在一边的。

对称型姿势更为正式，能够体现出可信、权威，并且体现出你的注意力集中在公事上。相对而言，非对称型姿势没有那么正式，而且会体现出你很放松和舒适。在合适的时候，这两种姿势你都会用到。

根据以上所述，你觉得哪种类型的姿势在你的销售过程中最具优势？答案取决于客户的姿势。要记得与客户建立融洽关系的首要原则：客户喜欢和自己像的销售人员。如果客户的姿势比较放松，属于非对称型姿势，那你也应该采用类似的非对称型姿势，至少在初步与客户建立融洽关系的阶段是如此。在你与客户成功建立起融洽的关系并准备开始谈正事之后，你就可以平缓顺畅地转换成更为正式的姿势。这里的关键词是“平缓顺畅”。如果你的姿势有任何突然或大幅度的变化，可能会在不知不觉中引起客户的恐惧或抵触。

与客户建立融洽关系的最大优势之一在这时候出现了。如前所述，关系融洽的人在行为上往往趋同。由于在销售过程初期，你已经在非语言方面与客户建立起了融洽的关系，因此如果你决定为了进行销售陈述而转换成更为专注的姿势，客户此时有可能跟着你姿势转变。你可以通过非语言方式让客户过渡到一个更有利于销售的环境中！**如果客户跟着你转换了自己的姿势，那这就是一个重要迹象，切实地意味着你已经和客户建立起了非常融洽的关系，而且他也有兴趣听你继续说下去。**

如果客户没有跟着你转换姿势，那他就是通过非语言方式向你暗示，你还没有充分引起他的兴趣。这可能不是你希望得到的回应，但这是你在进行销售陈述之前应该了解的重要信息。如果出现这种情况，你最好还是再换成和客户相似的姿势，然后再向他提一些问题，确认他是否愿意听你做销售陈述。

注意

有时候，你可能会向外表非常有吸引力的异性推销产品或服务。在和他（她）交谈时，你可能会忍不住靠在椅子上，好好享受几分钟的放松状态。这种闲聊可能未必是为了拿到订单，而仅仅是为了和一位外表具有吸引力的异性闲聊而已。事先警告：你的客户肯定能看出这两者之间的差别。

> 从商业的角度讲，要考虑到这些人可能整天都能听到供应商、销售人员以及客户这样和自己闲聊。如果你想从竞争对手中脱颖而出，那你就要职业一点。要让客户觉得愉快，保持目光接触，营造并维持职业化的气氛，通过非语言方式表明你来这里就是为了公事。如果客户主动和你闲聊几分钟，那也没有关系。但是，他们可能随时释放一些信号，暗示他们已经准备好将销售进程向前推进一步了，你要时刻重视这些信号。

b. 距离

你站得或坐得离客户有多近会影响你们之间的融洽关系。如果你站得或坐得离客户过近，侵犯了他们的舒适区，那你之前与客户建立起的融洽关系就会破裂。

美国人的舒适区通常是和他人保持 0.6 ~ 0.76 米的距离。你怎么知道是不是站得或坐得离客户太近了？从他们的行为中就能看出来。如果客户身体倾向另一边或者向后退了一步，那你可能就是离他太近了。男性尤其要注意和女性交谈时的距离。尽管有些女性不在意你离她们很近，但另一些女性会觉得非常不舒服，甚至可能导致你还没开始进行销售陈述就已经丢掉了订单。

另外，你和客户的体型大小也是一个重要的考虑方面。如果你身材魁梧，而你的客户是身材娇小的女性或者是不怎么高大的男性，你肯定不希望自己就这样耸立在客户面前。否则，这可能会让客户觉得你是在威胁（下意识的想法）。在这种情况下，要尽快和客户坐下交谈，进入一个双方更加平等的状态。如果你是身材矮小的一方，而客户的体型比你高大很多，要用更为正式的姿态代替体型来引起客户的注意。

要明白，与客户保持适当的距离非常重要。如果你站得或坐得离他太近，侵犯了他的舒适区，他对你说“不”的可能性就会增加。确保自己不要和客户挤在一起。

说点让人轻松的吧，靠近客户也有很多乐趣。下次和客户站着说话时，可以后退一步，看看对方会不会向前迈一步或者身体向前倾来靠近你。如果潜在客户这么做的话，这就是一个很好的信号，说明你已经引起了他的兴趣！

c. 身体接触

莎士比亚曾表示，“接触还是不接触，这是一个问题”。套用这句名言也就提出了一个重要问题：该不该和客户有身体接触，比如拍一下他们的肩膀或者后背，碰一下他们的胳膊，拥抱一下，或者其他形式的身体接触。

适当的身体接触有一个好处，那就是，一旦得到了对方的认可，这种接触就能让对方感觉到温暖并强化你们之间的融洽关系。坏处是，如果你和客户有了身体接触，而对方不喜欢，那你们之间的融洽关系可能就会破裂，而且连订单也可能丢掉。

有些客户感情外露，他们对别人表示欢迎时就会有身体接触；而其他客户则没有这么情绪化或者感情一点都不外露。你最需要注意的是那些感情丝毫都不外露的人。也许你就是这种人。如果一位销售人员有悖了客户的意愿，与客户有了身体接触，那订单基本上也就泡汤了。

你永远不可能知道身体接触对客户来说意味着什么。特别是男人，你们在和女人交往时尤其如此。你根本不知道如果你和对方有了身体接触，对方会有什么反应。在这种不了解对方的情况下，你愿意仅仅因为自己觉得身体接触很单纯、没有恶意而丢掉订单吗？要记住一个原则：如果不确定，那就不要有身体接触。

d. 握手

握手会让对方觉得你是一名专业的销售人员。握手的力度有一个合适的区间范围。平时留心很重要，这样你就能在和每位客户握手时，都用上最合适的力度。

这个区间范围的一个极端是“粉碎性”握手。换句话说，就是和客户握手时用力过大；而另一个极端是软弱无力的握手，即用力过小。这两种握手力度都无法让销售拜访过程令人愉悦。

要想恰当地握手，你的力度就要和客户的力度相近。一成不变的握手力度并不适用于所有客户。必须要注意每位客户握手的力度，并据此调整你的力度。

握手不是一门精密的科学，目标也不是达到完美的程度，而是要避免与客户的握手力度出现明显不同。

握手会促成或破坏订单的达成吗？也许不会，但要考虑到在你的销售拜访结束时，很多这种“小细节”的累积，会对你产生多大的正面或负面效应。每个细节都很重要，虽然有些行为比其他行为更为重要，但每个行为都有其重要性。

提醒男性销售人员：你可能注意到了，当你向男性蓝领工人进行自我介绍时，打招呼的方式很独特。与很多男性客户握手时，犹豫和胆怯不会让你赢得自己希望得到的尊重。当你向男性做自我介绍时，要和他“大眼瞪小眼”，意思是说，要有目光接触，自信地伸出手和对方握手，大声地说出你的名字。在保持目光接触的同时，和男性握手要用力。这种正面的第一印象马上就会让你和对方建立起融洽的关系，并且提高你说服他的概率。

e. 散步

散步并不适用于所有的销售情形。如果销售过程中的某个环节需要你和客户一起步行到他办公室中的某个区域或者工作场所，要确保你和他的步速保持一致。忙碌的客户做事积极，通常走得很快。如果你和客户一样也走得很快，那你就能通过这种非语言方式让他明白，你是一名积极向上、事务繁忙的销售人员，非常尊重客户繁忙的日程安排，而且很像他。

如果你跟不上客户的脚步，客户可能会觉得你积极性不高或者比较懒散。即使你能跟得上他，但如果看起来你得紧追慢赶才能跟上的话，就会给他留下你平时节奏比较慢的印象。你希望给客户留下这种印象吗？

有些客户的步伐则更加从容。如果你由于自己平时走得快而一直走在客户前面的话，客户可能会觉得你在催他，或者没有注意到他身体有问题而不得不走得慢一些。不要给客户任何机会感到疑惑，要和客户的步速相协调，以提高你们之间关系的融洽程度。

销售实践：两个案例研究

为了让你了解到目前为止提到的策略如何应用，我们在此列出了两个在随后几章中也会出现的销售情境。这两个销售情境中都穿插了一些冒失的问题，以让你知道如何选择和运用这些策略处理销售状况。我们先假设你已经完全理解了销售过程，而且在随后的几章中情况也是如此。

情境 1　商务场合的销售拜访

凯特把车停好后，在门外看了看潜在客户的这家小企业，她想起了今天的另外 3 个商务拜访，每一个潜在客户的企业规模都比眼前这个大。她把这个想法抛到了一边，伸手去拿销售资料，让自己把注意力集中在这次会见上。她拿出了宣传手册并整理出了一会儿要用到的资料，然后往嘴里塞了一颗薄荷糖，眼睛闭了几分钟，想象着马上要见到的客户态度既友好，又积极回应她所说的话，而且最后还在销售合同上签了字。

（想一想你在思想上和情绪上如何为销售拜访做准备。）

在前台，凯特愉快地和接待人员打了招呼。接待人员把她带进了办公室，史蒂文斯先生正要挂断一个电话，朝她挥挥手，示意她坐在办公桌前。凯特一直站着，直到他打完电话。史蒂文斯先生的皮肤晒成了古铜色，可能是在室外工作时晒的，也可能是在海滩上晒的，有些头发已经变成了灰色。凯特猜测他可能 60 岁出头。

“不好意思啊，”史蒂文斯先生一边放下电话一边致歉，他从容的语速和轻微的口音表明他是个南方人。“我的一个团队在外面遇到了点难题。请坐。”他示意凯特坐在他办公桌前的椅子上。

凯特伸出手说：“您好，我叫凯特•汤森。”她看着他的眼睛，有力地握了握手，力度和史蒂文斯先生的力度差不多。凯特把自己的名片递给他，然后坐了下来。在他看名片的间隙，凯特环视了一下办公室。办公桌后面的墙上挂满了从狩猎比赛中获得的猎物标本，办公桌上的几个树脂玻璃小盒子中装着签过名的棒球，棒球旁边摆着几张照片。其中一张是一个小伙子和两只猎狗的合影，其他照片都是史蒂文斯先生在专业体育赛事中和体育明星的合影。

（进入销售环境中，你会注意观察什么？）

史蒂文斯先生仰坐在椅子上，看着名片自言自语道："××公司。"

凯特端坐在椅子上，双脚都平放在地上，以对称型姿势面对着史蒂文斯先生。她发现史蒂文斯先生手上没戴结婚戒指，也没有在桌子上看到任何女性的照片，她得不出任何结论，所以决定维持正式的工作气氛，进而为他们之间的商务关系定下基调。她愉快地笑笑，没有说话。

史蒂文斯先生继续说道："你们公司为什么会派销售人员来我这种小公司呢？"

凯特感觉到对方正在打量自己。她笑着说："每个客户对我们来说都非常重要，先生。"

"叫我迪恩就行。"他很快说道。

看到对方首先破冰，凯特说道："迪恩，谢谢你今天抽时间见我。找这个地方就像探险一样。"

"是啊，现在到处都在施工，街道有点乱，比较难找。你费了很大力气才找到我们这个地方吧？"

"没那么费力，幸亏我有 GPS（全球定位系统）导航。"她在史蒂文斯先生笑的时候停顿了一下，然后接着说："您的公司在这儿多长时间了？"

（在与客户见面时，你的开场白是什么？）

“快 15 年了。当时机场要扩建，我们必须得搬迁。这儿有点偏僻，所以很少有车来。但这儿离机场很近，航运和旅行都非常方便。”

凯特示意史蒂文斯先生看他身后的墙。“这真是条大口鲈鱼啊。这不是唱歌的那种（玩具鲈鱼）吧？”她开玩笑说，因为她偶尔会在别人办公室和家里看到那种新奇玩意儿。

史蒂文斯先生哈哈大笑。“不是，这是真的。足足有 4 斤重，是在我北方那间小屋后面的河里钓到的。看来你对鱼挺懂的，你喜欢钓鱼吗？”

“我喜欢吃鱼，”凯特不假思索地说。“小时候，我那几个哥哥几乎每周都去钓鱼。我们当时住的地方离一个大湖很近。”

“什么都比不上刚钓到的鱼，做成烤鱼……”史蒂文斯先生赞同地说。

凯特注意到他刚刚说的是“我那间小屋”，而不是“我们那间小屋”，所以她决定不问任何关于配偶的问题，除非他自己主动谈到这个话题。

（与客户闲聊时，你会有意避免哪些话题？）

凯特看着他桌子上那张小伙子和两只猎狗的合影，“他穿的衣服让我想起了我的哥哥们，他在捕猎什么呢？”

“白天逮鹌鹑，晚上抓浣熊。”史蒂文斯先生笑着说。“这是我儿子小迪恩，和这两只猎狗玩得不亦乐乎。”

史蒂文斯先生没有再多说关于他家庭的任何信息，所以凯特换了一个话题。她看见侧墙上挂着史蒂文斯先生的毕业证书。“阿拉巴马大学，那您最后怎么来这儿开公司啊？”

史蒂文斯先生自嘲地说：“这不是我选择的。”在接下来的几分钟里，他讲了自己毕业之后到一家公司工作，以及那家公司存在的问题如何让他开创了自己的公司。

凯特听史蒂文斯先生讲故事的时候心情很复杂。高兴的是，他们聊起来了，而这正是她提问题的意义所在。同时，她又感觉自己的时间很紧张，因为下午还要会见 3 个客户，还有电话和邮件需要回复，办公室里也有文件需要处理。但她这时却坐在这里，把宝贵的工作时间花在和潜在客户的闲聊上，听他讲自己的职业生涯故事。

她做了个深呼吸，放松了一下肩膀。她正在建立的这种融洽关系增加了拿到订单的概率，而且奠定了获得忠诚客户的基础。凯特收回了思绪，把注意力又集中在了史蒂文斯先生身上，积极地听他讲话，用恰当的话语鼓励他继续分享自己的职业生涯故事。

“真的吗？”

“那您后来是怎么办的？”

“太不可思议了吧！”

凯特默默地把史蒂文斯先生之前遇到的挑战记在了心里，心想自己公司的 ×× 产品可能会帮得上他。此时此刻，凯特觉得自己和对方的关系已经足够融洽了，于是开始把聊天话题缩小到业务上。

由于史蒂文斯先生信任凯特，愿意跟她讲自己以前的事，所以凯特觉得他会畅所欲言，讲一些他的公司与目前供应商之间的事。把史蒂文斯先生之前的工作经历和现在的职业发展联系起来后，凯特提了一个过渡性的问题：“你是怎么开始用这些产品的？”

（你如何决定什么时候从闲聊转变为商务会谈？）

情境 2　家庭场合的销售拜访

在一片树木繁茂的住宅区里，鲍勃把车停在了一个形状不规则的平房前，关了引擎，叹了口气。夜晚的微风静悄悄地透过车窗吹进了车中，他听着鸟儿叽叽喳喳唱着夜曲。太惬意了……他宁愿在家里陪妻子和两个孩子，但为了让家人过上好日子，他在两年前加入了 ×× 房地产公司（主营住宅产品），正在发展自己的业务，他为了家庭而怀揣的梦想需要丰厚的收入才能实现。打开文件夹，他看了看妻子和孩子们在海滩上拍的照片，脸上浮现出笑容，暂时忘记了白天发生的事。

（愉悦的心情如何帮助你更高效地推销？）

在下午早些时候，鲍勃检查了放在文件夹中的宣传册，万事俱备。他看了一眼这座房子的前门，想象着潜在客户欢迎他进门，和他友好地聊天，在他进行销售陈述时向他提问题，并对他在收尾环节提出的问题给予积极回应。之后他合上文件夹，下车朝前门走去。

快 60 岁的约翰逊夫妇招呼鲍勃进了门。鲍勃紧紧地和约翰逊先生握了握手，对方的握手也非常有力。约翰逊夫人也伸出手轻轻地和鲍勃握了一下，鲍勃用力也很轻。他们请鲍勃进了客厅，鲍勃坐下之前说：“非常感谢您二位今晚让我来这儿！二位叫我鲍勃就可以，我能称呼二位约翰逊先生和约翰逊夫人吗？您二位希望我怎么称呼？”

（你如何决定潜在客户的称呼？）

“叫我们加里、帕特就行。”约翰逊先生用洪亮的低音说道。

约翰逊夫人点点头表示赞同。鲍勃环视了一下客厅，注意到了墙上挂的家庭照和艺术作品。他微笑着问道：“如果咱们能坐在桌子旁边，我待会儿就能为您二位提供更好的服务，您二位不介意吧？”他们同意了。鲍勃跟着他们走进了厨房，心里觉得很高兴，因为在不知不觉中他已经早早地掌握了这次会面的领导权。

鲍勃和加里在厨房的桌子旁坐下后，帕特要给鲍勃端杯咖啡。鲍勃不想让自己嘴里有咖啡的味道，因为他坐得离他们两个人很近。但是，既然潜在客户要展现好客之情，鲍勃也乐于接受他们某种形式的招待。“不用了，谢谢您，一杯水就好！谢谢。”

（如果潜在客户要让你吃东西或者喝东西，你怎么回应？）

加里靠在椅子上，于是鲍勃也做出了类似的姿势。鲍勃看到了定制的橱柜、花岗岩工作台以及铺了瓷砖的厨房地板。“厨房真漂亮啊！”

“嗯，我们3年前重新装修了整个厨房，”帕特微笑着看着自己的丈夫说，“是加里送给我的结婚25周年礼物。”

鲍勃点点头说：“我喜欢橱柜下面的灯光。”

厨房是由加里和装修商一起设计的。这时，加里尽情享受着别人对整个厨房设计的赞美。“LED（发光二极管）技术可以让灯光很足，同时又不会散发出热量，非常好用。”

帕特给鲍勃端来一杯水，放在了桌子上。鲍勃表示了谢意，又继续说道：“咱们刚刚在客厅的时候，我注意到有一些和您家非常相配的艺术品，是原作吗？”

帕特笑着在鲍勃旁边坐了下来。“我们有个朋友是当地的艺术家。她的作品很美，对吧？”

加里补充道：“很多年以来，我们一直在支持她进行艺术创作。”

“这些作品太棒了，”鲍勃带着真诚的欣赏之情答道。“您家是艺术世家吗？是哪一方面的？”鲍勃在问题中提到了加里和帕特的家，因为他的下一步就是要聊他们的家人，把话题引到正事上。

“我们不是艺术家，”帕特说，“但我们的女儿喜欢制作陶器。”她指着在厨房柜台边摆着的几个装饰性小陶器说：“那几个陶器就是黛安娜做的。”

“挺好玩的。客厅里摆的是黛安娜的照片吗？”鲍勃问道，又把话题拉回了家人身上。

“是她，”帕特答道，“她和我们的儿子——斯科特。斯科特去年在西雅图的一家科技公司找了个工作，搬到那边了。黛安娜明年年底大学毕业。”

“那将是令人兴奋的一个日子啊。”鲍勃肯定道。这时候，他已经与加里和帕特建立起了双方都感到舒适的融洽关系。双方聊得很愉快，自然而然地聊着一个又一个话题。两位潜在客户都参与到了对话当中，鲍勃认为自己与对方的关系已经足够融洽了，于是决定按照“说服客户的循环”采取下一步行动。接下来，他为了了解帕特和加里的需求，问了一些有针对性的问题。

“黛安娜搬出去住以后，您二位会有什么感觉？”

（如何确定应该在什么时候不再继续闲聊个人话题，而是去聊一些与业务有关的话题？）

要点总结

- **在所有的销售过程中，谈正事之前先与客户建立起融洽的关系都至关重要。**
- **融洽的关系建立起来后，客户会更加关注你的销售陈述。**
- **除非在特殊情况下，否则要尽量避免聊天气。**
- **乔恩·伯格霍夫认为：人们并不是因为了解他推销的东西才买的，人们之所以买，是因为人们觉得他理解他们。**
- **在语言和非语言方面，都要与客户建立融洽的关系。**
- **如果你在称赞自己产品的价值，而你的声音和体态却流露出不自信或**

犹豫，那你的说服力就会大大降低。

- 在开始对话的 90 秒之内，你就要在语速和音量上和客户保持一致。
- 说话要清晰。如果你说完后，你的潜在客户只理解了 80% ~ 90%，那他们下意识的反应就会是说“不”。
- 了解对称型和非对称型身体姿势，并从中受益。
- 如果客户跟着你转换了自己的姿势，这就是一个重要迹象，意味着你已经和客户建立起了非常融洽的关系，而且他也有兴趣听你继续说下去。

7

了解客户需求

在销售过程的开始阶段，你要有意识地通过闲聊和类似的非语言行为与客户建立起融洽的关系。而在现阶段，你要把话题转到真正的销售目标了，即了解客户需求，如图 7.1 所示。

为了把话题转换到正事（销售）上，明智的做法是设计并采用话题转换策略。可以尝试类似这种方法："克拉夫特先生，首先要感谢您今天抽时间和我在这儿见面。希望我们能把这次会议看作是一次探索性尝试，也就是说，作为 ×× 行业的专业人员，我的工作就是让您明白，我们这家充满活力的公司能如何帮助您的企业。"

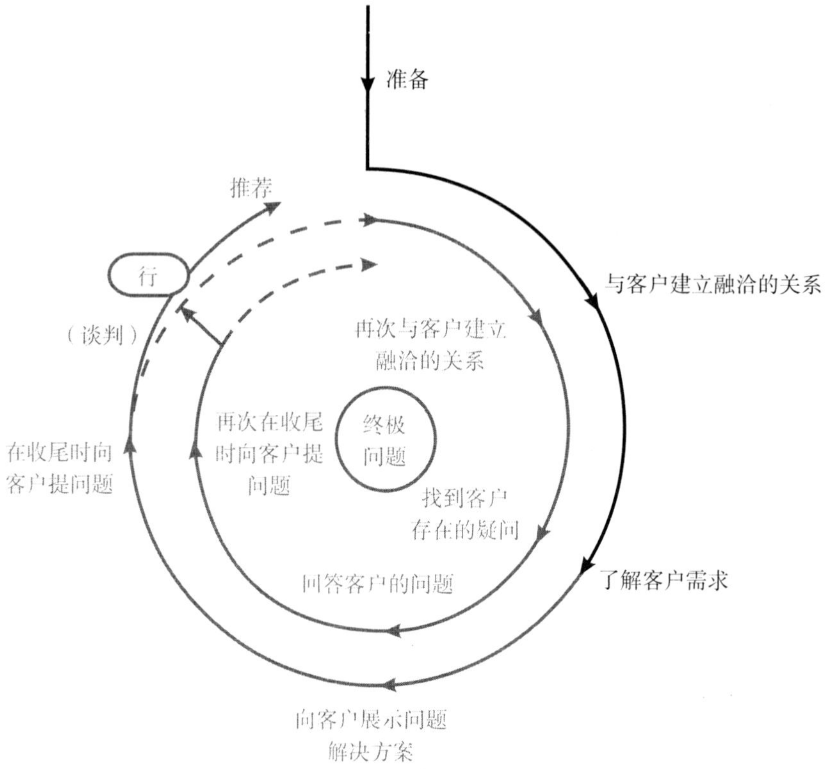

图 7.1 说服客户的循环（了解客户需求）

类似这样的话不仅能让你把话题转到正事上，还能确保不会给你当时的处境增加压力。你是在“探索”你的公司能为他们做什么，而不是在推销什么东西——起码当时还不是。

从闲聊过渡到业务洽谈的另外一个策略是，和客户说一下议程。你可以这样说：“罗伯特先生，如果您不介意的话，我想跟您说一下咱们今天要谈的事项。首先，我会简要介绍一下我们公司的情况，以便让您确信，我们和对外宣称的一样，是业界顶级的专业公司。然后，我会问您几个问题，以更好地了解您的需求，希望能为您找出合适的解决方案。接下来，如果我们的产品和服务能很好地满足您的需求，咱们就按照您的想法尽可能深入地聊聊解决方案。我们的目标是确保您真的满意我们提供的解决方案，然后再考虑做出决定。另外，请您放心，我们公司和我个人都不主张采取什么高压策略。我们明白，我们的产品并不是适合所有人。可能适合您，也可能不适合您，我只是希望您不要抱有什么成见。在这些都结束之后，您再告诉我，我们的产品是否适合您。您看可以吗？”

现在有些经验老到的销售人员都不太敢说上面提到的话，尤其是主动说自己的产品可能不适合客户。但是，无数个例子证明，这些话可以非常有效地减少客户对销售的抵触情绪。从本质上讲，这相当于你允许了客户对你说“不”。在任何一种销售情境中客户都会感觉到压力，明智的做法是尽早为客户减轻这些压力。

在向客户介绍议程时（或者在把话题引向销售业务时），你要坐得再直一点。这是一种非语言暗示，提醒客户该集中注意力了。如果他们也跟着你坐得更端正了，或者身体前倾听你说话，这就意味着他们投入到了与你的交流当中。如果他们没有这种反应，你可能就需要改变一下方式，让你们之间的关系更融洽一些。

一旦话题过渡到了业务洽谈阶段，你就应该开始去了解客户需求了，即做顶尖销售人员最擅长的事——提问题。

问题就是答案

在说服客户的过程中，为什么提问题如此重要？很多销售人员认为，销售就是做陈述——告诉客户为什么要购买。其实在说服客户的过程中，向他们提供购买之前需要了解的信息至关重要。记住：人们在感到困惑时会说“不”。但是，你说的话永远没有客户自己说的话对他们有说服力。无论什么时候你向客户提问题，他们都会在心里回答一遍，即使他们有时候不会大声说出来。

因此，你提的问题应该引导客户对你的产品、公司以及你是否有能力满足他们的需求发表看法。

客户经常会向自己提问题，不管是他们内心的想法还是会说出来，常见问题如下：

- “这笔买卖划算吗？”
- “成本花费是多少？”
- “这个销售人员是不是在浪费我的时间？”
- “我能在别的地方买到更便宜的产品吗？”
- “这家公司会不会履行所做的承诺？”
- “这个销售人员真的了解我的情况吗？”

你无法直接控制客户如何回答这些问题。但是，你能影响他们问自己什么问题，这会更有可能让他们给出让你满意的回答。这就是提问的力量！如果你能让客户向他们自己提出合适的问题，接下来就更有可能听到他们说出你想听到的答案。相比之下，如果你顺其自然，任凭客户在心中向他们自己提出任何问题，你可能就不会喜欢他们的答案。

总而言之，在销售过程中，谁提问，谁就掌控了整个对话。然而，如果你向客户提问之后却表现出没有认真在听他们回答，你的问题就不会对拿到订单有什么帮助。

要想有效地了解客户需求，你问的问题就要包含几个层次。这就要求你必须积极地倾听客户的回答，进而确定你接下来要问什么问题，并通过这种方式鼓励客户继续说下去。在本章中，你会了解到不同类型的问题以及相应的回答，这些都能促使客户向你透露他们在做出购买决定之前所需的关键信息。

封闭式问题

你能向客户提的问题基本上分为两类。第一类是封闭式问题[①]。这些问题的答案只有一个词，客户只能做出肯定或否定回答。销售过程中一般都会出现封闭式问题，但如果提问的时间不对，不仅不会让客户告诉你他们的想法和需求，反而会让你们之间的对话戛然而止。在了解客户需求时，不能用以下封闭式问题开始：

- “您想不想……？”
- “您会不会……？”
- “您是不是……？”
- “您能不能……？”
- “您是不是已经……”

还有一些是内容不错，但提问形式不对的问题。如果提问形式不对，这些问题会阻碍客户向你透露有用的信息。

销售人员：“您经常用我们这种类型的产品吗？”
客户：“是的。”
销售人员：“您近期会买我们这种类型的产品吗？”
客户：“不会。”
销售人员：“采购产品的时候，是您说了算吗？”
客户：“不是。”

由于封闭式问题会引导客户做出只有一两个字的回答，因此销售人员了

① 封闭式问题（closed-ended questions），指事先设计好备选答案的问题。受访者的回答被限制在备选答案范围内，有点像对错判断或多项选择题，回答只需要一个词。封闭式问题的常用词汇包括：能不能、对不对、是不是、会不会、可不可以等。——译者注

解不到客户是如何使用此类产品的，客户近期为什么不会购买此类产品，以及采购决策人是谁。在了解客户需求时要尽量避免问封闭式问题，因为这种问题会导致客户在你最希望他们说点什么的时候缄口不言。

开放式问题

第二类是开放式问题①。客户不能只用“是”或“否”来回答这类问题。这类问题需要客户真正去思考并且详细地阐述。在了解客户需求时，你希望客户只是简单地回答“是”或“否”，还是希望他们仔细地回答你的问题，让你充分了解他们为什么想要以及为什么需要你的产品？

开放式问题基本上有 6 种形式。虽然你之前没有对它进行过归类，但实际上你已经非常熟悉它了。开放式问题的 6 种形式如下：

- “谁……？”
- “什么……？”
- “什么时候……？”
- “什么地方……？”
- “为什么……？”
- “怎么……？”

开放式问题会让客户说出他们的需求、愿望以及购买流程方面的重要信息。以下是一些开放式问题的例子：

① 开放式问题（open-ended questions），与封闭式问题相对，指的是比较概括、广泛、范围较大的问题，对回答的内容限制不严格，给对方以充分自由发挥的余地。开放式问题的特点：常用于对话的开头，可缩短双方心理、感情的距离。这种问题可以向对方表示你对他们说的话很感兴趣，还想了解更多的内容。——译者注

- “就您所在的行业而言，您面临的最大挑战是什么？”
- “一年中什么时候是您的业务旺季？”
- “您今年的经营目标是什么？”
- “贵公司在采购时是怎么做决策的？”
- “对于您目前的供应商，您的满意之处和不满意之处有哪些？”

简言之，开放式问题就是客户无法用简单的“是”或“否”来回答的问题！

想一想，你问的问题类型对你与客户见面的效果有何影响。有这样两位销售人员，他们问客户的问题是一样的，但提问方式不同：第一位销售人员问的是开放式问题；第二位销售人员问的是封闭式问题。

经过一整天的奔波，拜访完客户之后，这两位销售人员回到办公室，聊起了他们这一天的工作。

第一位销售人员说每位客户都滔滔不绝地聊他们的家庭、宠物、体育运动、旅行或者爱好。他每次都是请客户抽出 5 分钟时间来见面，但通常客户都是聊了 30 分钟之后仍然意犹未尽。

第二位销售人员抱怨称，客户几乎不怎么说话，仅花了一点点时间与他见面。而且，客户通常态度冷淡，他只能在冰冷的气氛中离开。

如果客户经常对你的问题应付了事，那可能是因为你问了太多的封闭式问题，客户只需要用“是”或“否”回答就行了。

记住，在与客户面谈环节，仅仅让客户投入注意力是不够的。在之前与客户建立融洽关系的对话环节，你就已经让客户投入了注意力，这个目标已经实现了。**建立起融洽关系后，就要提出开放式问题，以获取拿到订单所需的重要信息**。

倾听的技巧

问完开放式问题、鼓励客户开口说话后，你可以运用一些有效的倾听技巧，让客户继续说下去。

你有没有和不专心听你说话的人聊过天？通过他们的非语言行为，你就能感觉到他们的心思不在你这儿。如果客户感觉到销售人员并没有专心听自己说话，他们也会有你这种感受。销售人员问了一个问题……等到客户回答到一半时，销售人员就要决定该如何回应了。从倾听到等待，这种非语言上的转变是瞬间发生的，就像一只猫在等待扑向猎物的最佳时机一样，销售人员要预测客户会在什么时候说完。销售人员甚至可以在客户说话的时候加几个感叹词，比如，“嗯、对、然后呢、好的、没错、呃、您有没有、当然”，等等，通过这种方式重新控制话题的走向。

你觉得，如果你不听客户讲话，他们能感觉到吗？客户也许发觉不了你有什么具体的非语言行为表明你不再听他们讲话了，但他们能意识到这个事实。如果客户知道你没有听他们讲话，可能就会觉得回答你的问题就是浪费时间，这不利于你拿到订单。

你如何才能向客户表明自己在积极地听他们讲话呢？可以运用倾听的技巧，这和你运用提问技巧让他们开口说话一样。接下来，我们看一下倾听的技巧有哪些。

（1）非语言倾听技巧

在第6章中，我们探讨了非语言交流对于建立融洽关系的重要性。非语言行为的原则在倾听过程中也同样适用。客户回答你的问题时，你在非语言行为上如何向他表明你在听他讲话？具体方式包括如下几点：

- 保持目光接触。

- 点头表示认同。
- 客户表现幽默感时要微笑或大笑。
- 面部表情要认真。
- 身体微微前倾。

在明确客户需求的过程中，你应承担起顾问的角色，通过交流了解你的公司如何能够最好地满足客户的需求。想一想你在这个阶段有什么感受，举止如何。

- 你提问时的状态放松吗？
- 客户回答你的问题时，你会不会由于构思自己接下来要说的话而局促不安？
- 听到客户说他们有某项需求时，你会不会打断客户，然后告诉他这个需求的解决方案？
- 你提问时的语速是不是过快，像机关枪扫射一样？

如果你问完一个问题就紧接着问下一个问题，客户可能会觉得你是在审问他们——这有点像我们之前提问的方式。

对话是一种口头上的感情、知识、观点和想法交流。在销售中，也包括了信息交流。一种明智的做法是，问完一个问题后，隔一小会儿再问新问题，以此向客户表示你在认真考虑客户所提供的信息。

（2）印证式倾听会促使对话继续进行

印证式倾听[①]是你与朋友、家人说话时的一种自然活动，其中包括了我们

① 印证式倾听（reflective listening），指的是听者必须试着了解对方的感觉和想法，然后用自己的话把对方的意图表达出来，并向对方求证。——译者注

之前提到的非语言倾听技巧及以下这种语言上的鼓励：

- “真的吗？”
- “再跟我说说。”
- “哇！”
- “后来怎么了？”

当客户回答你的问题并向你透露一些有利于你拿到订单的重要信息时，你要对他们所说的话进行反馈。这能证明你在积极地倾听，也会鼓励客户继续说下去。

举例来说，你可以观察一下电视或广播脱口秀主持人是如何鼓励他们的嘉宾讲话的。他们并不是像新闻记者那样去访问自己的嘉宾，提出一个又一个尖锐的问题或者简短的信息性问题。相反，这些脱口秀主持人会利用一些开放式问题和印证式倾听，让他们与嘉宾的对话既放松又不失热烈。

有些方法可以取得这种效果，其中之一就是提出“印证式问题”——重复客户刚说的话。比如，客户说：“预算这么紧张，不知道明年能干什么！”销售人员回应道：“您不知道怎么在如此紧张的预算下开展工作，对吗？”

这就是印证式问题。销售人员把客户所说的话做了一点点改动，但这个问题向客户阐明了他刚刚那句话的本质，也向客户证明了销售人员在认真倾听他所说的话。

为了便于记忆，这个提问技巧也被称为“豪猪”提问技巧。如果有人往你身上扔了一只豪猪，你的第一反应难道不是把它扔回去吗？假设一位潜在客户问：“这个产品多长时间能交付？”不要直接回答“3 天”，要轻轻地把问题再抛给客户，以获得更多信息。你可以这样说：“您需要什么时候交付？给我一个时间范围可以吗？”

举例来说，如果这位客户需要在 2 天之内让产品入库，但你却说需要 3 天才能交付，这就会让你难以拿到订单。相比而言，如果客户说："我们需要在 10 天之内收到产品。"这时候如果你告诉他你们的标准交付时间只需要 3 天，那你在他眼里简直就会像英雄一样。

注意　如果你一口气不停地连续问 10 次印证式问题，听起来就会怪怪的。显然，无论什么策略，只要运用得过于频繁，都会让客户感觉不舒服，并且会让他们怀疑你在对他们采用某种策略或者心理攻势。客户马上就会产生抵触情绪。至于印证式问题的使用次数，你要用你的常识来判断。印证式问题如果有节制地加以运用，可以有效地鼓励客户向你透露一些重要信息。

如果客户提到了某项需求，而你想更具体地了解这项需求，那就想一想他说的话的本质是什么，然后用差不多的语气和音量问一个印证式问题。然后，在客户再次开口说话之前要保持沉默。如果你保持倾听的姿态，客户就会明白你的意思，通常会继续说下去。

练习倾听技巧

要让你的倾听技巧付诸实践。以下是本章前文中提到的 3 个问题，每个问题都附有 4 种常见的回复。

例 1

销售人员："就您所在的行业而言，您面临的最大挑战是什么？"

客户："供应商能履行承诺，按时交付产品。"

以下哪种回复与你接下来要说的话最接近？

A. "我们可以通宵运输，无论您什么时候要，都能确保您及时收到产品。"

B. “一年中什么时候是您的业务旺季？”

C. “多长时间内送到算及时？一晚上的时间？还是一周？”

D. “您的供应商不按他们承诺的时间交付产品吗？”

在A回复中，销售人员面对客户的需求，立即就开始了推销。乍一看，这种回复好像是上佳之选。

在B回复中，销售人员问了一个不相关的问题。销售人员问完问题后，得到了一些有用的信息。但销售人员是不是本应该再聊一会儿这个话题，以了解更多有价值的信息？也许应该。

在C回复中，销售人员认真倾听了客户所说的话，然后基于客户的回答，问了一个更加具体的开放式问题。这句话的意思是说，“您再跟我说一下您刚才提到的这个问题吧。”更深入地提问有一个好处——销售人员可以利用了解到的信息让销售陈述更具说服力，也更易于拿到订单。要想达到这个目的，销售人员要向客户说明公司的业务模式如何能确保客户在希望的时间内收到产品。

在D回复中，销售人员把客户说的话的本质又抛给了客户。这种回复不会把客户的注意力转移到任何具体问题上，相反只是让客户继续说下去而已。如果客户对他自己所说的内容充满热情，那这种类型的回复会非常有用。如果客户在聊某个话题时情绪非常激动，那就让他把情绪释放出来。几分钟之后，你可以用几个更加具体的问题把对话引到其他主题上。

注意，在后面两个回复中，销售人员并没有马上就开始推销，而是在客户提出自己的需求后，尽可能地多了解这项需求，待时机成熟时，让自己的推销更有说服力。

例 2

销售人员：“一年中什么时候是您的业务旺季？”

客户：“夏天那几个月，还有感恩节和圣诞节之间的假期。”

以下哪种回复与你接下来要说的话最接近？

A. “您今年的经营目标是什么？”

B. “是夏天那几个月您最忙吗？”

C. “我们在夏天那几个月的库存最大，能确保我们在客户最需要的时候保持产品供应。”

D. “在夏天最忙的那几个月里，您在产品供应上有什么问题？”

在 A 回复中，销售人员决定不去了解更多关于客户业务旺季的信息，转到了下一个话题。

在 B 回复中，销售人员把客户刚刚说的话又抛给了客户。这让客户又打开了话匣子，向销售人员透露了一些关于夏天旺季的信息。

在 C 回复中，销售人员听客户说了他的业务旺季是什么时候，认为库存不足是客户面临的一大问题，于是马上就开始了推销，向客户解释了公司为什么会在客户的业务旺季期间提供优质的客户服务。这是一个很好的卖点……除非产品供应问题不是客户的主要关注点。

在 D 回复中，销售人员基于客户的回答问了一个更加具体的开放式问题。这个问题能让销售人员弄明白产品供应是不是客户决定是否更换供应商的关键因素。如果这不是关键问题，销售人员就可以在稍后的销售陈述时弱化或略去这一点。这个开放式问题会促使客户向销售人员透露他在业务旺季遇到的其他问题。这在任何情况下都不失为一个好办法。

例 3

在本例中，你要引导你与客户的对话。为了证明你已经对此驾轻就熟，请对以下 4 种类型的回复列举实例。

销售人员：“贵公司在采购时是怎么做决策的？”

客户：“所有事情都得经过我们经理批准，他负责审核年度预算。”

现在，请对以下 4 种类型的回复列举实例。

A. 把客户刚刚说的话再抛给客户。

B. 开始推销。

C. 根据客户所说的话，问一个更加具体的开放式问题。

D. 进行下一话题。

在 A 回复中，你重新抛给客户的问题是不是类似于“采购时，您和贵公司的经理一起做决策吗？”

在 B 回复中，你的推销开场白是不是类似于“您可以在我们的网站上看到年初至今的所有采购信息，贵公司经理可以准确地了解采购所需预算！”

在 C 回复中，你是不是根据客户所述问了一个更加具体的开放式问题？比如，“您和贵公司的经理多久开一次有关采购决策的讨论会？”

在 D 回复中，换话题很容易——尤其是如果你没怎么注意客户说了什么，并且打算无论客户说什么，你的销售陈述内容都不会改变。如果你认真听了客户说的话，并相应做出了回复，你就能从那些持等待和观望态度的竞争对手中脱颖而出。

提出印证式问题或者根据客户的回复提出更加具体的开放式问题，通常都会得到更多重要的信息，有利于你最终拿到订单。

（3）做记录

在面对面与客户交谈时，如果能把客户偶然间告诉你的重要信息记录下来，你就能从竞争对手中脱颖而出，用信笺、活页本、笔记本电脑或者平板电脑都可以。避免在没有告诉客户的情况下，用手机做记录，否则客户可能会以为你在给别人发短信，没有听他说话。

关于做记录，下面有两条实用的建议：

① 不要对做记录这件事小题大做

“我现在就打开我的业务笔记本，做点笔记，让您看看我是多么重视您说的每一个字！”

② 只记录关键信息

你是一名顾问，不是为了发布头条新闻而采访某人的记者。如果客户告诉了你一些重要信息，就快速、简要地记录一下。如果客户开始对你说他遇到的具体困难，你就需要多记录一些内容了。

做记录的另一个重要原因是，你之后能想起客户所说的话。作为一名忙碌的销售人员，有很多事会占用你的注意力。如果你每周见 10 位客户或者更多客户而不做记录，那你怎么记得住每位客户说过什么？仅凭记忆肯定会忘记或者混淆很多信息。我们非常赞同中国的一句古话：“好记性不如烂笔头。”

（4）不要打断客户

最后这一点应该是最显而易见的，但却经常被忽视。当客户在说一些有利于销售人员拿到订单的重要信息时，销售人员为什么要打断客户呢？这里有两个原因，希望这种情况并没有发生在你身上。

① 没有养成很好的倾听习惯

别人说话时，如果你想起了什么，是不是会习惯性地打断别人？问一问你的朋友、家人和同事们。如果你发现自己经常打断别人说话，千万不要再这么做了。打断别人说话不利于你做生意，也不利于你和别人的关系。另外，打断别人说话还会破坏你与客户之间的融洽关系。

② 无法控制自己的热情

客户释放的购买信号是不是让你产生了无法抗拒的冲动，一定要马上开始推销？客户说：“老板刚刚还在和我说要买这种产品……”然后你就脱口而出：“……如果您这个月买，我给您打 9 折！”

热情在销售中是一个优点，但必须要控制。如果每次看到客户释放出购买信号，你就恨不得马上激动地跳起来，这种无礼的打断肯定会让客户觉得心烦，破坏已经建立起来的融洽关系，错失可能有利于你最终拿到订单的关键信息。

举例来说，如果销售人员当时没有打断客户，客户可能就会在这个购买信号上加一个限定条件：“老板刚刚还在和我说要买这种产品。他想等几个月再买——等过了报税季。”

这个新信息会改变你的销售陈述内容。如果你多听一会儿就能明白：要想当天就拿到订单，就必须要强调现在购买有什么好处，以及过一段时间购买有什么坏处。如果继续问一些开放式问题，你可能就会了解为什么客户想等一等再买。也许这个老板担心要交一大笔税款；也许他正在出售其他资产，等到卖出之后才有可用资金；也许他想等到旺季，到时候看看有多少现金流可以用来购买你的产品。简言之，要控制住自己的热情。

如果你在进行销售陈述之前知道了这些问题的答案，就能据此调整你的陈述内容，进而避免在收尾阶段出现不必要的阻力。

在你做完销售陈述之后，客户通常会感觉必须要为他们之前提到的顾虑辩护，因为你在请求他们马上做出购买行动，而这正是他们的回答。当你竭力打消他们的顾虑并冒着产生“我是对的，你是错的”这种危险的想法时，很可能会听到他们说“对，但是……”，他们通常会这样拒绝你。很奇怪的是，如果客户在你做销售陈述之前提出相同的顾虑，他们不会觉得必须要为这些顾虑辩护，因为他们这时只是回答你的问题而已。如果你在做销售陈述之前让客户尽可能地多说一些他们的顾虑，就可以对销售陈述进行调整，为最终拿到订单扫清障碍。

习惯性地打断别人注定会让你的销售陈述变成“一刀切”，无法有针对性地满足每个客户的需求。你以前的销售陈述可能就是这种情况，因为你没有发现能够使你最终拿到订单的客户的购买动机，这种方式属于观望式销售。是否根据客户的顾虑调整销售陈述的内容，这是有效的销售陈述和一般的销售说辞之间的区别，也是顶尖的专业销售人员和普通推销员之间的区别。通用型陈述对客户的说服力永远都比不上针对性的陈述，你对客户做过通用型陈述吗？

要点总结

- **要知道如何设计并运用话题转换策略，把对话从闲聊转向销售业务。**
- **如果你向客户提问之后却没有表现出自己在认真地听他们回答，你的问题就不会对拿到订单有什么帮助。**
- **封闭式问题用一两个字就能回答，会让销售人员难以进行销售陈述。**

- 开放式问题需要客户真正去思考并且详细阐述。
- 始终通过非语言方式向客户表明你在听他讲话。
- 适量做记录，这会让你从竞争对手中脱颖而出。
- 热情在销售中是一个优点，但必须要控制。

8

提出探索性问题

在销售过程中，你说每句话、做每件事的目的都应该是让客户更有可能马上购买你的产品或服务。实际上，经过谨慎思考的问题通常能够帮助你做到这一点。

记住，开放式问题会让你得到很多重要信息，进而在销售过程结束时拿到订单。如果你提出的开放式问题无法让客户向你透露拿到订单所需的全部具体信息，此时问一系列“探索性问题”会大有裨益。这些问题旨在让客户告诉你更多关于购买过程以及对产品的期望等信息。

探索性问题分为 4 个基本类型。这些问题是通用型问题，无论你身处什么行业或专业，这些问题都能解决在所有销售情形中最常见的客户顾虑。你的目标应该是适度调整这些问题，将其用在你与客户的对话当中。根据你所在的行业，你可能会需要问一两个与本行业相关的探索性问题。

举例来说，如果你是一名房产经纪人，你的客户想买一套房子，一个重要的探索性问题就是，“您同时还在和其他房产经纪人接触吗？”如果客户同时还在和其他房产经纪人接触，而你却没有发现这个情况，客户可能就会利用你投入的时间和精力找房子，但最后卖给他房子的却是其他房产经纪人！

如果你是一名客户经理，正在和一位大厦业主洽谈，想和他签一份协议，由你们公司负责这座大厦的采暖、通风与空调系统或电梯的维修，那要问的一个非常重要的探索性问题就是，“您目前的维修协议什么时候到期？”如果不了解这个信息，你可能就会为了检测这座大厦的设备而投入公司的资源，结果却发现业主在近几年之内无法和你们公司签订这份协议。

避免意外

提出探索性问题的主要目的是在收尾阶段避免意外发生。任何一个在进行销售陈述之前没有搞清楚的普通问题或者客户顾虑，之后都可能成为你拿到订单的潜在障碍。如果你在做完销售陈述之后才发现客户有一些常见的顾虑，这些顾虑就更有可能让你觉得出乎意料，而你本来可以在稍早时候打消这些顾虑。销售过程中出现的意外已经够多了，不需要你再多制造一些。在销售过程的早期，探索性问题可以让你了解到很多常见的、反复出现的客户顾虑，进而避免意外发生。

4 个探索性问题

探索性问题 1："最终决定由谁来做？"

在销售过程的收尾阶段，客户可能搬出的拒绝理由是，"呃，最后不是我说了算。"销售中容易犯的一个错误是试图让非决策人做出购买决策。第一个探索性问题换句话说就是，"除了您，谁还有可能参与最终的决策过程？"

在进行销售陈述之前搞清楚谁做购买决策有什么好处？

（1）你不会浪费任何人的时间

你既不会浪费自己的时间，也不会浪费与你对话的人的时间。如果你发现与你对话的人并不是决策者，那就对他做一部分销售陈述，以此证明你应该得到当面为决策者做销售陈述的机会。

（2）你可以做一些安排，让真正的决策者来听你做销售陈述

你如何措辞来请求与最终决策者见面，会影响到非决策者如何回答你。比如，如果你问："我能见见你们领导吗？"此时，这个封闭式问题只会让对方给你一个"是"或"否"的答案。这个问题本身就假设了一个可能性：你可能见不到领导。这种封闭式问题会让领导者的下属很容易对你说"不"。然而，同样的问题如果用开放式问题来问，就可能产生完全不同的结果：

- "我什么时候能和你们领导见面？"
- "安排我和领导见面需要经过什么程序？"
- "怎么才能安排我和领导见一面呢？"

这些开放式问题都假设了一个事实：与领导见面是可能的。这种"积极性"的假设会让你更有可能得到满意的答复。即使没有得到满意的答复，这种开放式问题会让你得到更多信息，不会让对方的答复仅仅局限于"是"或"否"。

这些信息可能也会为你创造与领导见面的机会。比如，对方的下属可能会对你说：“不行，我们领导在市区外住。”

所以，至少你了解到了关于领导的关键信息，而且你能提议换种方式和领导安排一次会议。

- “什么时候和你们领导安排一次电话会议最合适呢？”
- “领导多久来市区一次？”
- “领导在市区的时候，安排一次会议需要经过什么程序？”

把对方的下属培养成你的推销员

如果无法和决策者进行直接接触，你会怎么办？对方下属说：“领导交给我的工作就是筛选供应商。我会把您的信息转达给领导，把您的供应计划书和其他供应商的计划书一起交给他。”

在这种情况下，你与这位下属之间的融洽关系就显得尤为重要。人们都喜欢和自己喜欢的人做生意！因为对方下属可以随意处理你交给他的产品供应计划书，所以维护并加深你与他之间的融洽关系对你总会有好处。

如果你在做销售陈述之前发现这位下属并不是决策者，你就可以利用销售陈述把他培养成你的推销员。你的销售陈述内容不变，但要把这位下属当成你的引荐人。如果你尊重他，他就会更放松，也会把更多关键信息转达给决策者。

（1）**捉住宣传重点**

对方下属通常记不住你的产品具备的 10 个优点，进而也就无法向决策者转达。他们最多只能记住两三个关键优点，因此在销售陈述过程中，你要强调最重要的那两三个要点，要通过提问来确定决策者最希望解决哪些难题。另外，你也要问一问还有哪些供应商提供了解决方案。在很多情况下，各家公司都不介意告诉你这些信息，而你作为一名专业的销售人员会非常了解竞争对手的优势与劣势，进而在你的计划书中做针对性的处理。

（2）准备印刷品资料，让对方下属转交给决策者

在适当的情况下，你要主动把介绍性资料交给对方下属，里面要包含销售陈述的基本要点。这份资料能让对方下属在与决策者讨论你的产品时具备清晰的条理。首先要列出最有说服力的产品优点，而且资料上的内容越简短越好，没有必要给对方下属很多份资料。

（3）绕过对方下属直接与决策者接触

只有在其他所有办法都不奏效的不得已情况下，才可以把这个方法当成最后的选择，“死马当活马医”。否则，这算不上是什么好策略，因为这会对你与对方下属的关系产生不利影响，而你和他以后可能还需要在一起合作。通常来讲，在任何情况下，最好都要遵守对方公司的规矩，这样更有利于与决策者保持长期的业务合作关系，也更有利于让对方把你推荐给其他客户。在本书的最后一章，我们会探讨如何让客户把你推荐给其他潜在客户。

注意，这个探索性问题会帮助你避免对方把拖延作为拒绝你的理由。“我得问问领导同不同意。”如果你在做销售陈述之前让对方回答这个探索性问题，在收尾阶段几乎就不会出现对方对你说“买不买，不是我说了算”这种意外，因为客户和你见面后不久就会告诉你他是不是唯一的决策人。

探索性问题 2：“决策者打算什么时候购买？”或者“您什么时候需要解决方案？”

第二个探索性问题针对的是客户经常给出的含糊性回答——“我再想想。”如果你已经知道了他们什么时候需要解决方案，那也就能知道他们什么时候需要下订单。这个问题的答案对于你为客户营造出一种紧迫感非常有帮助，能够促使对方今天就做出购买决定。

有没有可能存在这样的情况：与你对话的客户是唯一的决策人，但他确实需要过一段时间才能决定是否购买？答案是有可能。

- 也许客户在等资金到位，资金可能来源于退税、产品结算费用；也许客户在等会影响预算的销售报表等。
- 也许客户正要出行或者正要延长休假。
- 也许负责采购的经理刚刚辞职，客户必须得先填补这个职位空缺，然后才能购买你的产品。
- 也许客户习惯于先了解一下最终用户对产品的反馈，而且想等到他有了几个备选项之后再决定是否购买。

如果你发现客户打算和你会面之后过几周或过几个月再决定是否购买，那你在销售陈述过程中一定要强调马上购买有哪些好处，以及拖延购买会产生什么后果。你要确保自己明白客户为什么要推迟一段时间才能做出购买决定，进而可以告诉客户有哪些合理的替代方案，让他能够马上做出购买决定。

举例来说，如果客户推迟做出购买决定是由于财务问题，那也许客户能分期支付，或者先用信用卡支付。客户还可以和你签订一份协议，规定好资金总额，之后先付一小笔定金，再以较低的利率付清尾款。

如果你在销售陈述期间无法改变客户推迟一段时间再做决定的想法，那就要想方设法搞清楚客户什么时候才能做出购买决定，然后在会面结束之前达成双方都认可的后续跟进协议。当天你可能拿不到订单，但等到客户可以真正做出购买决定时，你就可以凭这份协议把竞争对手排除在外了。

探索性问题 3：“如果您决定买进这款产品，那您现在有可用资金吗？”或者“如果我们现在谈的所有因素都显示出我们公司的产品可以最好地满足您目前的需求，还有别的因素影响您今天就做出购买决定吗？”

客户可能给出的拒绝理由是，“我现在没有资金。”你肯定是抱着今天就拿到订单的想法在做销售陈述，最后却发现客户的资金要过一段时间才能到位。

请注意，这个探索性问题针对的是客户有没有能力购买你的产品，而不是你的产品价格。如果客户没有可用资金来购买你的产品，那他怎么能在销售过程的收尾阶段立即决定购买呢？这个探索性问题与前面提到的第二个探索性问题有些相关，因为那个问题也关系到客户的资金什么时候到位。

如果你在进行销售陈述之前发现资金对客户来说是个难题，那在销售陈述过程中就要重点向客户阐述在资金上有哪些办法。举例来说，如果客户说：“至少 6 个月之内，资金无法到位。”你还有什么办法？

接下来要问的问题取决于你所在的行业或具体的产品或服务类别，可能包括：

- “如果应付款项可以分几次付，您会不会感觉好一点？”
- “您可不可以用信用卡支付或者申请一笔短期贷款？”
- “您有没有兴趣了解一下我们公司的各种付款方式？”

如果你为客户想不出办法，不能让他立即做出购买决定，那就一定要和客户确认资金会在什么时候到位，然后尽量在结束会面之前和客户签订后续跟进协议。

探索性问题4：“价格是您需要考虑的唯一因素吗，还是质量也同样重要？”

客户可能会给出的拒绝理由是，“太贵了。”此时销售人员很容易犯一个错误，那就是试图与以价格取胜的竞争对手比价格，却忽视了你的公司本应**以产品价值取胜**。

要了解客户面临哪种资金问题，这一点很重要。否则，你会不必要地损失一部分利润。比如在收尾阶段，你请客户马上做出购买决定，但客户却说：“我不知道资金够不够。”

你随即就说：“如果您现在就决定采购，我给您打9折！”

客户瞬间就喜笑颜开了。“谢谢你给我折扣，但问题不在价格上，在于现金流。我现在没有足够的现金流来买你的产品。”

哎呀！

如果你把价格问题和资金问题弄混了，当客户问你资金上还有没有别的办法时，你可能就会不必要地给客户打折。这个错误的代价实在太大了！

你可能会发现，关于价格和资金的问题是个二选一的问题。在这里，适合用封闭式问题让客户给出准确的答案。

注意

在第7章中，针对封闭式问题的警告是，当你与客户刚刚见面时，应该鼓励客户和你对话，此时不应该问封闭式问题。

到了销售过程的这个节点，马上就要开始进行销售陈述了。你需要了解非常具体的信息，从而让你为客户提供的解决方案更有说服力。因此，这时候问封闭式问题有助于你了解这些具体信息。

第四个探索性问题问的是，决策者最关心的是不是价格的高低。这种非此即彼的问题可以把非常清晰的选择题摆在客户面前——最看重的是价格，不论质量如何，还是质量也是一个重要的因素？

这个探索性问题直击说服的核心。销售分为两种基本类型：卖价格和卖价值。

- 如果卖价格，销售人员可以说："您应该从我这儿买，因为我们的产品价格最低。"
- 如果卖价值，销售人员可以说："我们的产品最物有所值。"

你们公司的产品或服务在一定程度上可能两者兼而有之。关键问题是，你的主要卖点是最低价格还是最优价值。

由于这个探索性问题的答案非此即彼，因此客户的答案通常是二选一。有些客户会回答："完全取决于价格。我只想听你的价格最低能低到多少。"如果客户这样回答，你就必须把销售陈述做如下调整：

- 让价格更有竞争力。
- 如果你的产品价格实际上与竞争对手相比更有竞争力，但并不是十分明显，比如你的产品具备某些性能，而竞争对手对这些性能是额外收费的，那就要向客户解释清楚。
- 或者是说服客户质量远比价格重要（比如，市场上最便宜的产品在未来 5 年内就要被替换掉）。

还有一些客户的回答会把这两点都包括在内，比如"质量对我们来说很重要，但我们也想让价格优惠一些”。如果你推销的产品是高价值产品，这种回答一定是你希望听到的。这个回答可以让你向客户解释你的产品如何同时兼具了高价值与优惠的价格。

记住，如果想让你的销售事业盈利颇丰，关键在于提问题。并不是提任何问题都可以，提的问题要能让你获得当天拿到订单所需的信息。如果你在销售过程中需要多次拜访客户，那每次问的问题都必须更好地了解客户的产品采购过程，每次都要让你离最终拿到订单更进一步。如果你已经了解了以下信息：

- 由谁来决定是否购买。
- 什么时候能决定是否购买。
- 客户的资金什么时候能到位。
- 客户在意的主要是产品价格还是价值。

那你就要根据每个客户不同的购买动机进行有说服力的销售陈述。

下面的销售情境是之前案例的延伸，强调了本章中提到的销售策略。

情境 1　商务场合的销售拜访

凯特已经和史蒂文斯先生建立起了非常融洽的关系。现在她准备把话题转移到业务上，并且要收集一些信息，进而为史蒂文斯先生做一次有针对性、说服力强的销售陈述。她的目标是，把史蒂文斯先生在与她闲聊时提到的商业经历与他目前面临的商业挑战结合起来。凯特先问了一个过渡性问题：“您是怎么开始用 ×× 产品的？”

史蒂文斯先生给她讲了一个自己在工作中遇到的情况，当时他的团队遇到了一个难题。他们用 ×× 产品解决了那个难题，之后就一直用了下来。这让凯特有了提出开放式问题的机会。

“现在您的员工在施工现场是怎么用 ×× 产品的？”

“他们在使用目前的 ×× 产品时有哪些难题需要解决？”

“您目前的 ×× 产品供应商为您提供的服务怎么样？”

“您目前使用的 ×× 产品有哪些可以改进的地方？”

凯特打开了她的文件夹，大概记录了一下史蒂文斯先生提到的重要信息，她并没有单纯地重复记录，而是写出了自己的产品在哪些方面可能优于他目前使用的产品，她会在销售陈述中提到这些关键性的笔记内容。

（你的潜在客户透露出的哪类信息值得你记录？）

在问这些问题的同时，凯特在对话过程中也穿插了几个探索性问题，用来确认史蒂文斯先生的购买动机是什么。凯特猜测史蒂文斯先生是企业的唯一老板，但她还是问了“**最终决定由谁来做**”这个探索性问题，以确认他是唯一的决策者——“迪恩，如果涉及像采购 ×× 产品这种经营决策，最终决定是由您来做吗？还是其他人也参与决策？”

“呃，我都是和在现场施工的工作人员商量，因为他们一天到晚都在用 ×× 产品，”史蒂文斯先生答道，“但最后我说了算。”

他的回答证明凯特的猜测没错——史蒂文斯先生是主要决策者。

凯特更加兴奋了：第一，史蒂文斯先生目前面临的难题，自己所在的公司显然都能解决；第二，史蒂文斯先生能自己决定从哪家公司采购。

接下来，她决定问“**打算什么时候购买**”这个探索性问题：“您之前说目前使用的 ×× 产品存在一些问题。您目前与这家供应商的服务协议什么时候到期？”

“我们去年和现在的供应商终止了年度合同。现在我们每个月签一次服务协议。”史蒂文斯先生说。

这正是凯特希望听到的回答。她为了确认对方能不能当天就决定买她的产品，又问了一个问题：“如果您发现有其他选择对您的公司更有利，您是不是随时都可以换一家供应商？”

“没错。”史蒂文斯先生答道。

（你的潜在客户透露出的哪类信息会让你不禁想要立刻开始推销，而不是继续了解更多信息？）

史蒂文斯先生说他的团队非常忙，从这一点来看，他的公司蒸蒸日上。然而，凯特明白，公司的业务很多未必表示这家公司很赚钱。凯特又问了“**可用资金**”这个探索性问题，以确认对方的财务状况——“如果您决定换一家供应商，那您现在有可用资金吗？”

“我们有这笔资金预算，”史蒂文斯先生说。这句话让凯特意识到他的公司财务状况不错。他也希望告诉凯特，自己是一位很有耐心的买家。“但现在，我们还在凑合着用目前的产品。”

我明白。我想和您再谈一下您目前使用的设备，但首先，我还有最后一个问题。”凯特知道自己的竞争对手是一家奉行低价策略的当地小公司，所以她问了那个关于“**价格**”的探索性问题——“价格是您选择 ×× 产品时考虑的主要因素，还是质量也同样重要？”

史蒂文斯先生往椅子上一靠，说：“我们一直都在留意哪笔买卖最划算，但最近由于目前用的 ×× 产品，我们出现了延误工期的情况。”他摇摇头，“我也不知道。这个问题已经让我们开始负担额外成本了。”

凯特对他目前的所有回答都很满意，而且她觉得销售进程正在顺利向前推进。

- 她把自己塑造成了严谨的商务人士形象。
- 她与客户建立了职业上的融洽关系。
- 史蒂文斯先生对她提出的问题做了回应，并慢慢显示出了对目前 ×× 产品供应商的不满。
- 她了解了客户的购买动机，并且将在销售陈述中根据客户的商业经历列举若干例子。

她现在已经准备好为客户提出解决方案了。凯特从包里拿出了一台平板电脑，开始了销售陈述。

情境 2　家庭场合的销售拜访

鲍勃与加里、帕特聊了一些双方都感兴趣的话题（他们的房子和家人），建立了非常融洽的关系。现在，鲍勃把话题转移到了与业务相关的主题上，意在了解帕特和加里对 ×× 产品的需求。鲍勃问：“等黛安娜搬出去之后，您二位的生活会有哪些变化？”

加里和帕特一脸认真地看了一眼对方，然后开始给鲍勃讲他们感觉以后生活上会出现哪些变化。鲍勃在认真倾听的同时在脑中记下了 ×× 产品会解决他们的哪些需求。在印证式倾听的同时，鲍勃问了几个印证式问题（如下），以此鼓励他们继续说下去。

“真的啊，那么多？”

“服务差？您的意思是……”

“哇！他们是这么说的？”

“然后会怎样？”

鲍勃在对话过程中问了几个关于自己所在行业的印证式问题，通过这种方式聊到他们二人的具体情况。

“您二位觉得 ×× 产品会有助于满足您哪些需求？”

“到目前为止，您觉得 ×× 产品用得怎么样？”

在回答这些问题的同时，加里和帕特提到了他们对 ×× 产品行业的几个顾虑。鲍勃还没有准备好做销售陈述，所以他回应道：“这都是大家经常提到的问题，再过几分钟我给您二位解答一下。”

为了鼓励加里和帕特继续讲他们的需求，鲍勃又问了一个问题：“您二位刚刚谈到了 ×× 产品的使用体验，您觉得怎么样？”

（如果你为了了解客户需求正在向客户问问题，而此时潜在客户提出了一些问题，其中涉及的信息正是你打算稍后在销售陈述中阐述的内容，这时应该如何让他们继续把注意力集中在你问的问题上？）

几分钟后，鲍勃听完了加里和帕特二人对行业问题的回答，他非常了解加里和帕特对 ×× 产品的看法。鲍勃在头脑中记下了他们二人的顾虑，而且计划在销售陈述过程中专门打消他们的顾虑。

鲍勃差不多准备好开始做销售陈述了。但首先，他想问问那 4 个探索性问题，进而了解他们的购买动机。他问的第一个问题是“**最终决定由谁来做**”，以确定谁会参与决策——“您二位也知道，×× 产品在一定程度上会影响到整个家庭。为了确保我没理解错，我想问，是您二位决定，还是家里的其他人也一起做决定？”

帕特很快答道：“哦，不是。我们两个人想做的事都由我们自己决定。”鲍勃看了一眼加里，加里点点头表示赞同。

鲍勃接着问了“**什么时候购买**”这个探索性问题：“几分钟之前，您二位说有兴趣买 ×× 产品。时间大概在什么时候？几周之后，几个月之后，还是几年之后？”

他们听到“几年之后”都哈哈大笑。加里说：“我们的女儿明年年底就会毕业，但我们不想等到那时候再买。如果划算的话，越早买越好。”

鲍勃想进一步缩小这个时间范围，避免客户在销售过程后期找理由推迟购买。“您说越早越好，是说几天之内，还是几周之内？”

帕特和加里互相看了一眼。加里耸耸肩说：“如果划算的话，可能这个月找时间就买了。”

（如果潜在客户不直接回答你的关键问题，你该怎么办？）

鲍勃想了想他们的回答。他问了两次，他们没有给出确切的回答，但似乎当天晚上就可以做出决定。到目前为止，鲍勃已经确定对方就是决策者，而且他们也许能马上做出购买决定。接下来，鲍勃问了“**资金**”方面的探索性问题，以确定他们有没有资金立即购买产品——“谢谢。如果有 ×× 产品满足您二位的所有需求和条件，现在有可用资金买吗？”

加里很快回答说，“呃，这取决于 ×× 产品本身怎么样。”

“那是当然，”鲍勃赞同地说道。“咱们马上就说这个。但如果您发现有一款 ×× 产品正好是您和帕特想要的，有可用资金来采取行动吗？”

鲍勃以提出假设的方式问了这个问题，为的是不让对方觉得回答这个问题就是承诺要买。鲍勃不是在让他们买，只是想知道他们的账户里有没有充足的资金来买 ×× 产品。如果他们说“有”，那他就会明白又少了一个障碍，潜在客户更有可能当天晚上就决定购买；如果他们说“没有”，那他就会在销售陈述中详述公司有什么付款方式可以让他们先买入这款产品。

加里瞥了帕特一眼，又耸了耸肩说：“有，只要我们喜欢这个产品就行。”

“好的，”鲍勃说。他又问了那个关于“**价格**”的探索性问题——“帕特，您之前提到了对价格的一些想法。我想问一下，您二位是只关心是最低价呢，还是质量也是非常重要的因素？”

“呃……”他们一起拖出了长音，然后又陷入了短暂的沉默。帕特总结了一下他们的回答：“价格很重要，但我们希望产品的质量也可以让我们满意。”

“没错，”加里补充道。“如果产品不像你说的那么好用，那浪费的这笔钱实在不是一个小数目。”

鲍勃认同地点了点头，他已经做好了销售陈述的准备。

- 他与加里、帕特建立了非常融洽的关系，双方都感觉很自在。加里和帕特两个人都集中了注意力，参与到了对话当中。
- 他们对 ×× 产品行业表示出了一些顾虑，于是鲍勃意识到他必须在销售陈述中多花点时间专门打消这些顾虑。
- 鲍勃也发现了帕特和加里的购买动机，而且明确了他们是唯一的决策者。
- 他们也许能马上就做出购买决定，但他感觉到了一些迟疑。
- 他们有可用资金来买 ×× 产品。
- 他们也愿意考虑买价值高的 ×× 产品，而不是只想买价格最低的产品。

（你如何判定什么时候应该开始做销售陈述？）

鲍勃打开了他的笔记本，他已经准备好做销售陈述了。

要点总结

◆ 提出探索性问题的主要目的是在收尾阶段避免意外发生。

◆ 如果最终决策者的下属不让你与决策者直接见面，你最好把这个下属培养成你自己的推销员。

◆ 如果潜在客户无法马上做出购买决定，或者当时没有可用资金，你就要继续问一些问题,看看有没有其他办法可以让对方当天就决定购买。

◆ 客户对探索性问题的回答有助于你确定哪些解决方案对客户最有说服力。

9

在销售陈述中缓解客户的抵触情绪

既然你已经与客户建立了融洽的关系，并且通过探索性问题了解了客户的想法和需求，接下来就应该用恰当的方式展示你的产品，逐渐缓解客户对销售的抵触情绪，提升他们对销售的接受度，如图 9.1 所示。

有一种普遍的观点认为，只要进行客户教育，就能让客户做出购买决定。这种观点的依据是客户教育的过程就等于说服的过程，认为如果客户教育到位了，他们就会买。

但永远都是这样吗？你是否曾经对潜在客户进行了长时间的客户教育，

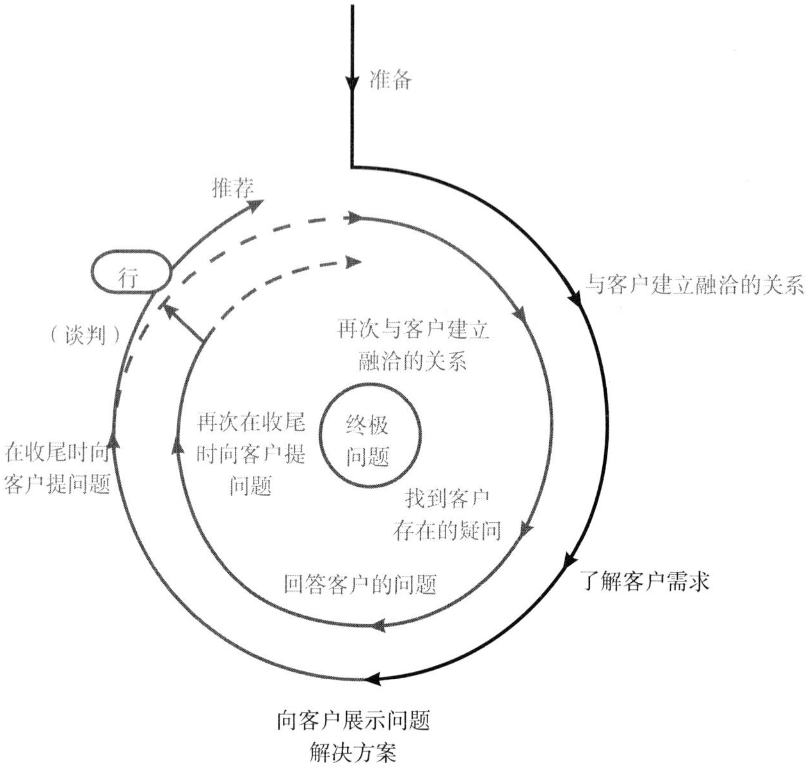

图 9.1　说服客户的循环（向客户展示问题解决方案）

给他们讲了购买你的产品都有哪些好处……而且他们也认同你的销售陈述内容，但他们最后没有买，你有过这种经历吗？

实际上，如果销售人员认为客户教育的过程就等于说服的过程，会带来一个最坏的结果，那就是在做完销售陈述后往往就会松一口气，心里想，“主要工作已经做完了。我热情地向潜在客户介绍了为什么应该购买我的产品。接下来我要回答客户提出的所有问题，然后看看客户下一步怎么办。”这就是观望型销售，你肯定不希望自己处于这种境地。

销售陈述是什么

销售陈述是交流信息的过程。你告诉对方某些信息后，就会提出请求并得到反馈。得到的反馈信息可以引导你下一步的行动，进而让客户满意并留住客户。

在每一周的工作中，你都会做几十次销售陈述。以下是一些销售陈述的示例，但你之前可能并不觉得这些属于销售陈述的范畴。

（1）回答问题

客户可能会给你打电话，针对产品的使用情况问你一些问题。不要只是简单地回答完客户的问题就挂掉电话，你要利用这个机会让客户意识到你有能力解决他们的问题并提供优质的客户服务，你兑现了自己在做销售陈述时许下的承诺。

（2）解决问题

如果你的客户在产品性能方面遇到了问题，在解决问题的过程中，你可以提出投资购买新一代或更高级的产品，以此满足客户目前在产品性能方面的更高要求。

（3）客户服务

你可以给客户打个电话，告诉他他最近订购的产品正在配送途中，并利用这个机会表现出你确实非常在意他享受到的服务水平——让他明白你在你们公司是为他谋利益的。与客户或潜在客户的每次交流都应该被视作一次主动的销售陈述，借此向他们再次推销你们公司的品牌以及作为专业销售人员的自己。

销售陈述的技巧

尽管销售陈述的内容与你所在的具体行业紧密相关，但也有一些通用的技巧可以增加你的销售陈述的说服力。在做销售陈述时，你的非语言行为仍然比你说什么影响更大。我们接下来会分析销售陈述的听觉和视觉效果。然后，我们会探讨几个重要概念，这些概念能把一般的销售陈述转化成有说服力的行动呼吁。

（1）理所当然的口吻

理所当然的口吻是你最有力、最具说服力的武器。说到你的产品或服务时永远都要像说“太阳每天东升西落”一样充满自信。你的音调要和你说“地球是圆的”时一样。换句话说，要确保你说的话听起来确定无疑、充满自信，不要听起来像有疑问一样缺乏底气。

有时候，销售人员在说最后一句话时会提高音调，听起来就像问问题一样。他的本意是陈述一个事实，“我们的服务非常好。”但由于句尾音调变高了，所以客户听到的就是，“我们的服务非常好？”

疑问的口吻无法让对方信服。你可以以任何语句结尾，除了不要用疑问句，因为疑问的语气会降低你拿到订单的可能性，记住潜在客户买的是保证，而不是疑问。

用理所当然的口吻说话时，句子结尾的声调稍微会低一些。试试这个方法：在你说一些自己非常确信的事情时录音，前提是你说的这件事情大家都知道是真的。你从自己的声音中听到确定无疑的口吻了吗？听听别人自信地说某件事时的口吻。他们是如何发声才产生了确定无疑的感觉的？要在你声音和性格的自然范围内模仿他们的音调，在你的声音中增加自信。

（2）问题 vs 陈述

在销售陈述过程中，只要时机合适，就要问问题，而不要做陈述。你问的大多数问题都应该是设问句，不需要对方在语言上进行回应。不过，你提出的问题应该让对方在心里思考。销售的基本原则是，只要对方认真听你说话，就有可能买你的产品。

问题会让对方思考并做出回应。当对方在心里对你提出的问题进行回应时，一定要记住，他们是从自己的角度出发在心里回答你提出的问题，并不是像你一样把话直接说出来。

很多销售人员认为，有说服力的销售完全靠陈述。实际上，客户在听你说话时，心里也会与你进行对话。潜在客户心里的对话——而不是你做的陈述——才会说服他们做出购买决定。

如果客户心里一直想的是价格，这时你问他质量有多重要，他必须得先想一想质量是怎么回事才能理解你问的问题。在你问他之前，他可能从来没有想过质量这个概念。仅仅是他琢磨质量的概念这件事，对你来说就是一个巨大的胜利。客户的想法已经得到了调整，开始按照你的价值定位想问题了。这并不意味着你已经销售成功了，而是你现在的处境更有利于你成功拿到订单。记住，销售陈述的目的就是让潜在客户好好考虑买你产品的想法。

继续这个话题，考虑一下以问题形式向客户介绍质量的重要性会有什么影响。客户不仅会考虑质量这个概念，而且由于你问了问题，他还会考虑这个问题的答案。

如果你只是说“质量很重要”，客户可能就会像听销售陈述中的其他内容一样被动地听听而已。如果你问“这个产品的质量会对它的价值产生什么影响？”客户就无法只用简单的“是”或“否”来回答，而是会听到自己内心做出的回答。这样你就在更深的层次上影响了客户，因为你让他认真思考了你选择的话题。**这个现象的原理是，如果你说了什么话，客户可能会怀疑真假；如果客户说了什么话，那就一定是真的。**

这是不是意味着，我们能控制客户内心的想法和结论？不是。我们最多只能影响他们想问题的角度。如果我们能明白我们的说话方式会如何影响客户的思考过程，就能在最深层次上向客户介绍我们的销售观念，而且还会最有说服力。

（3）告诉他们你希望他们做什么

当你向客户做销售陈述时，不管是做陈述还是问问题，绝对要告诉客户你想让他们做什么，而不是不想让他们做什么。

如果你说“想象一下，今天阳光明媚”，客户随着你的陈述，一定会在头脑中想象出阳光明媚的场景。虽然他想象的阳光明媚可能与你的想象不一样，而且他想象的画面可能瞬间就会消失，但在一定程度上，客户会为了领会你刚刚说的话而简单地想象一下这个场景。

现在，棘手的问题出现了。如果你说“不要想象今天是阳光明媚的一天”，客户肯定会在头脑中构建一个阳光明媚的画面，来搞清楚你不希望让他想什么。教训就是：如果你说了，客户肯定会在头脑中形成一个类似的画面。

告诉客户你想让他们做什么，而不是不想让他们做什么，永远都要这样。有些动词要避免使用，进而避免让客户想你不希望他们想的事。在一些关键时候不要用以下这类词：

- 犹豫。
- 想一想。
- 害怕。
- 等一等。

- 担心。

当你在收尾阶段向潜在客户提出某项请求时，这些词可能会让他们反其道而行之。

（4）关键词类型

人们说话时的用词可以反映出他们做出购买决定前的心理过程。进行销售陈述时，你的用词要和客户的用词习惯保持一致，这样就能看起来和他们更像，进而深化你们之间的融洽关系，减少对方对销售的抵触。更重要的是，如果你的措辞与客户的用词习惯大不相同，就会反映出你们的思维方式也大相径庭，这种差别可能就会让客户觉得不自在，进而破坏你们之间的融洽关系。但这并不意味着，只要你的措辞与客户的思维方式一致，他就会购买你的产品。

在遣词造句中，有一个细节虽然很小但还是需要注意。下面这些例子中，客户说的实际上是同一件事，但他们强调的重点完全不同。你的措辞要与客户的思维方式保持一致，这样就能激励他们采取积极的行动（即决定购买）。同样的道理，如果你的措辞与客户的思维方式不协调，可能会导致客户在听完你的销售陈述后不为所动。

①关于希望 / 避免

有些客户对你讲的都是他们**希望**看到的好结果。

- 他们**希望**你准时运送货物。
- 他们**希望**产品性能可靠。
- 他们**希望**通过使用你的产品让自己的生活更美好。

还有些客户对你讲的都是他们希望**避免**的坏结果。

- 他们**不希望**产品运送延误。

- 他们**不希望**产品不好用。
- 他们**不希望**用了你的产品后自己的生活变差。

注意

客户并不是非黑即白。不要僵化地进行客户分类——潜在客户甲属于说“希望”的那类人；潜在客户乙属于说“避免”的那类人。

如果把爱说“希望”的人和爱说“避免”的人分别作为标尺的两端，人们所在的位置通常都在这两端之间。有些客户并不偏好某个特定类型的措辞，而是这两种措辞都用；有些客户始终都只用某个类型的措辞。你需要了解的是这两种客户。客户越是常用某种类型的措辞，你不用另外一种就显得越重要。

② 关于可以 / 必须

有些客户爱说他们**可以**做什么。他们经常用这些带有可能意味的词，比如**可以**、**能**和**希望**等。

- “我可以问问领导，看他批不批准。”
- “我们也许能用公司的信用卡来买。”
- “我们希望能有办法把购买这批产品的支出控制在预算之内。”

有些客户爱说他们**必须**做什么。他们经常用这些带有必要意味的词，比如**必须**、**需要**、**只能**、**应该**和**会**等。

- “我必须得再等等，等我拿到退税的支票再买。”
- “我需要先和我爱人商量商量。”
- “我只能再等等，等孩子们毕业之后再买。”
- “我应该过一段时间再买，等到……”

- “我们会买的，但冬天不行。”

如果你对那些经常把带有可能意味的词挂在嘴边的客户说：“您**只能**/**应该**/**必须**采取行动了。”他们在感情上接受不了，就会往后退。他们不是**只能**做什么事，而是会**选择**做自己想做的事。底线是什么？客户越是常用带有可能意味的词，你在销售陈述中就越需要说明客户可以做什么以及想做什么。

如果你对那些经常把带有必要意味的词挂在嘴边的客户说：“您可以/您可能想……”他们很可能什么都不会听你的。他们做事的动机是他们**必须**这么做或者**只能**这么做。除非他们觉得不得不做某件事，否则通常情况下他们什么都不会做。

用带有必要意味的词来激发客户的购买欲，会破坏很多销售人员努力维持的积极气氛。然而，作为专业销售人员，我们为客户提供的服务中就包括通过一种客户理解的方式推销我们的产品。我们可能不会通过这种方式买东西，但我们做销售陈述的目的并不是为了让我们自己购买。为了促使客户说“买”，要在你的销售陈述中纳入一切必要的内容。

③感觉、听觉、视觉

在整个销售陈述过程中，客户会有不同的感觉，内心中会有对话，头脑中会构建你描述的画面。尽管感觉、听觉和视觉会同时出现，但大多数客户往往更注意其中一种。我们怎么知道客户注意哪一种？其中一个迹象就是他最常用哪一类词汇。例如：

感觉类词汇

有些客户经常会用一些表达感觉的词汇。比如：

- “我**觉得**这个想法不好。”

- “我现在正努力**了解**财务状况呢。”
- “我们还没**掌握**这个概念。”
- “我们觉得这个想法太**棒**了！”
- “我很**难**理解。”

听觉类词汇

有些客户经常会用一些表达自己感官感受的词来描述你的产品和服务。听觉类词汇包括对声音的各种描述性词汇。

- “这主意**听起来**不错。”
- “你说的我**听**见了。”
- “我们把想法**协调统一**一下吧。”
- “关于这个问题，我们单位内部有**不一样**的声音。”
- “这个名字**听着**耳熟。”

视觉类词汇

有些客户经常会用一些描述自己头脑中画面的词汇来描述你的产品和服务。

- “**明白**我的意思吗？”
- “我**明白**你的意思。”
- “我们的未来很**光明**……”
- “把注意力**集中**在这个概念上……”
- “她个性活泼，生活**多姿多彩**……”

人们经常把感觉类、听觉类和视觉类词汇混在一起用吗？是的。有些词是人们的习惯用词。如何遣词造句是一门精密的科学吗？不是。我们没有必要为了了解客户的习惯性措辞属于哪种类型而去一丝不苟地分析他们，你需要做的仅仅只是注意客户的常见行为，据此对你的行为进行适度调整，然后采取进一步行动。

注意　永远都要谨防把客户进行非此即彼的分类。没有只用感觉类词汇的客户，也没有只用听觉类词汇的客户。

了解客户经常使用哪类词汇的目的是，你可以在销售陈述过程中与客户使用同类词汇。想象一下，如果销售人员问："您明白我的意思吗？您清楚产品的优点吗？"潜在客户回答："我们觉得这不符合我们的利益，不想现在就买。"语言上的不匹配可能会让客户觉得和你对接不上。客户未必会意识到自己有这种想法，而是会在潜意识里这么想，进而对销售产生抵触心理。

客户的行为也可以表现出他最注重哪种思维方式，最注重个人感觉的客户往往有如下表现：

- 说话比较慢。
- 思考时会朝下看。
- 做决定时比较慢，因为他要花一点时间才能搞清楚自己的感受如何。

如果你的语速比客户快，由此让他产生的不适感会破坏你们之间的融洽关系。对这类客户语速要慢下来，尝试使用一些感觉类词汇，而且如果他在思考你说的话时朝下看，你就暂时不要和他保持目光接触，让他花点时间自己想一想。

如果客户更注重他自己内心的对话，那往往有如下表现：

- 说话不紧不慢，声音浑厚。
- 在思考或说话时会左右环视。
- 做决定时比更注重个人感觉的客户快，但思考时心里仍然会自问自答（一字一句都要斟酌）。

- 会留意你咬字是否清晰以及声音是否微弱或沙哑。因此，要注意你的发音吐字，而且要用听觉类词汇。

最注重头脑中画面的客户往往有如下表现：

- 语速最快（为什么？因为每个画面都包含信息，还记得那句老话“一图胜千言”吗）。
- 在他想象一个画面时会向上看。
- 做决定的速度最快。

如果你的语速比客户慢，这种差别可能会破坏你们之间的融洽关系。对这类客户说话要快一些，要使用视觉类词汇，直接切入重点。简明扼要地说出必须说的话，然后请客户采取行动（购买）。如果一个客户最注重他在头脑中构建出的画面，那么在向他做销售陈述时，时间并非越长越好。

客户常用的词汇类型是一个明显的标志，可以让你进一步了解客户。客户越是常用某一类词汇，你在销售陈述中使用与客户一样的词汇类型就显得更加重要。如果你向一个有购买意愿的客户推荐有吸引力的解决方案，而你在描述你的产品和服务时使用的词汇类型却分散了他的注意力，那就太可惜了。所以要搞清楚你的客户常说哪种类型的词汇，然后按照他们的思维方式来说话。

视觉上的销售陈述

适当情况下，要让你的外在形态表现出你想说的话。

- 如果你嘴上说你的产品超级棒，让你为之兴奋，那你就应该通过面部表情表现出兴奋感。
- 如果你在谈非常重要的内容，或者提到了产品宣传手册中的某部分内容，就应该通过手势把客户的注意力吸引到你说的话上。

总之，在进行销售陈述时，始终要注意你的外在形态。

- 你的面部表情友善吗？
- 你在微笑吗？
- 你是否与客户保持着恰当的目光接触？
- 你的眼神中流露出的是自信还是不安？
- 你是否通过手势表现出了热情？
- 你的身体姿势是放松还是紧绷的？
- 你在说话时是否会习惯性地摇头表示否定？

如果客户问了一个很难回答的问题或者对你说了“不”，你在非语言行为上如何回应？

- 你脸上的微笑是不是就消失了？
- 你是不是会把目光移到一边，不让客户察觉到你是在调整和稳定情绪？
- 你的身体姿势会不会在失望时松垮下来，或者在与客户舌战时僵硬起来？
- 如果潜在客户决定和你谈一谈成交前必须要解决的问题，你在面部表情上会不会流露出感谢之情？
- 在整个销售陈述过程中，你的身体姿势是不是始终没变，并且你的身体姿势是不是表示出你随时可以听客户说一下他的顾虑？

没什么事能瞒得过客户。在你的销售陈述过程中，要确保你的非语言行为表达出的意思与你嘴上说的话是一致的。

视觉上的辅助工具

使用一些能清晰地表明你的观点的视觉辅助工具，可以加深对方对销售陈述的印象。比如：

- 图片。
- 样品。
- 产品展示。
- 视频。

即使你不喜欢你们公司为你提供的视觉辅助工具，但我们还是希望你能以某种方式用上这些工具，或者在销售陈述中有所提及。要给客户看那些能烘托情绪的图片。从你们公司的宣传材料中找一些图片，前提是这些图片要能在你与客户聊产品时烘托情绪。在销售陈述过程中，向客户讲解你的产品特性与优点时，要为相关图片配上手势，这有助于强化你想让客户产生的情绪。

幽默——要小心

在销售陈述过程中，永远要小心幽默。无论在销售陈述前、过程中还是结束后，幽默不是让客户暖心，就是会让他们寒心。幽默可能会巩固你与客户之间的融洽关系，也可能会将其彻底毁掉。如果你和别人开玩笑很容易，幽默就可能是个优点。如果你和客户开玩笑是因为幽默是你们公司标准销售陈述中的固定内容，那你平时就要练习如何开这些玩笑，直到你能自然而然地开玩笑为止。

最重要的是，避免讽刺性、贬低性、政治类和宗教类幽默。不要像和好朋友开玩笑一样和客户开玩笑。如果客户鼓励你表现出真实的自己，你首先要保证在整个会面过程中始终保持职业感。

自嘲式幽默通常是安全的选择，人们往往喜欢不太把自己当回事儿的人。

注意　不要拿你的职业能力开玩笑。客户可能会把这种幽默视为你缺乏自信。

- “啊，我又忘带名片了。太没脑子了！”
- “噢！我数学太差了。如果没有计算器，我可怎么办啊？”

拿与业务无关的事开玩笑会比较讨人喜欢，前提是偶尔这么做。这会显示出你很有自信。在可能涉及别人的领域自嘲需要自信，而你要有这种自信。

关于幽默的最后一点：如果你的客户讲了一个黑色幽默的笑话，并不意味着你也可以讲这种笑话。尽管你会觉得不公平，但如果客户在几分钟之前刚讲过某一类笑话，他们可能确实会觉得销售人员这时讲同一种笑话并不合适。你没有必要对这一点有疑问。

现在，我们来看看幽默有哪些积极作用。除了能让你更招人喜欢以及巩固你与客户之间的融洽关系以外，幽默还可以让客户放松。有时候，客户在聚精会神地听你说话时或者考虑是否购买你的产品时，他们会不知不觉地让身体处于紧绷状态。幽默能让他们放松下来，这可以让他们在你的销售陈述过程中保持更长时间的注意力。幽默最大的用处就是让你的销售陈述效果更好。举个例子，如果你在销售陈述中提到人们在寻找解决方案时普遍有拖延症，那就可以给客户讲一个搞笑的故事，说说某人一拖再拖后发生了什么事。

有些销售人员的销售陈述只有 3 分钟，甚至更短。还有一些销售人员的销售陈述长达 15 分钟，甚至更长。销售陈述的时间越长，中途就越应该频繁地展示一下幽默。永远都要确保你讲的每一个笑话都很好笑，而且屡试不爽，不会冒犯到别人。

在哪儿找笑料？书店有很多关于笑话的书。还有一个途径是，平时听别人开玩笑或讲笑话时有意识地考虑能不能用在你的销售陈述中。杂志、脱口秀、商业机构和非商业机构的人都会用到幽默，不要只是听听就算了，要收集一些能在你和客户见面时用到的笑料，并确保笑料适合你的个性和产品类型。

直呼客户的名字

在销售陈述过程中，关于称呼对方的名字，有两个极端。一个极端是，永远不叫客户的名字；另一个极端是，叫客户的名字叫得太频繁。

有些销售人员不用名字称呼客户，可能是因为客户的名字很难读。一般说来，要尽可能地了解每一位客户的名字怎么读，然后再自己判断是否要在销售陈述过程中叫客户的名字。如果客户的名字比较独特，你可以想象存在很大的可能性他们经常需要告诉别人应该怎么读。表现出你对如何把客户的名字读对感兴趣，可以显示出你想很好地为他们服务。

不叫客户名字的根本原因多半是你忘了客户叫什么名字！你越忙，每天见的客户越多，就越容易忘记客户的名字。在与客户见面的过程中，忘记客户的名字会削弱你的信心，而且会表现出来。你可以随身带一份当天的客户名单作为备份，以免忘记客户的名字。

为了记住客户的名字，你可以尝试在第一次听到时至少默念四遍。另外，还可以在销售过程中合适的时候尽早地叫出客户的名字。如果你知道自己会用到客户的名字，这有时候也有助于你记忆。在销售陈述过程中说了几次客户的名字后，很可能就不会再忘了。

另一个极端是，在销售陈述过程中不断地叫客户的名字。

- “哈罗德，你刚才说得没错……”
- “哈罗德，你觉得……”

- “哈罗德，你也知道……”
- “哈罗德，你多久……”

警告 如果你叫客户名字的次数过多，他们可能就会觉得这是一种推销手段或者是一个惹人讨厌的习惯。不管是上述哪一种看法，都会破坏你此前与客户建立起来的融洽关系，而且会让客户的注意力偏离你的销售陈述内容。

说服的核心是什么

下面这三项重要的内容在你说服客户的过程中处于绝对核心地位。

（1）推销产品的优点

推销每个产品特性的优点，这个理念是最基本的销售原则。然而，销售人员在准备销售陈述的内容时，在这一点上却经常只是做到了一半。他们告诉了客户产品具备哪些特性，却并没有提及每个产品特性的好处。为什么在销售中几乎被强调次数最多的事在实践中却几乎最常被忽视？为什么销售人员在销售陈述中只想着介绍产品特性，却忽视了向客户解释每一个特性的优点？可能有以下几个原因：

- 产品特性通常都是看得见的。与不那么容易被注意到的产品优点相比，产品特性更容易被客户看到并谈论。公司宣传册和产品演示介绍的都是产品是什么，以及产品功能是什么。
- 产品特性既令人兴奋又有趣！即便你还没来得及对客户介绍产品的优点，没来得及劝他买，有些产品特性本身就已经很有吸引力了。
- 产品特性可能导致主观臆断。销售人员很容易想当然地认为，客户会把所有细节联系起来，意识到产品特性的“明显”优点，如下面这些例子：

◇ 安全开关——会保护工人的安全。

◇ 24 小时服务热线——意味着更好的客户服务。

◇ 钛制外壳——意味着重量更轻，但强度没有受到影响。

这太明显了，但只是对你来说。不要想当然地认为客户也觉得很明显。对比一下这种主观臆断在以下这些例子中是如何逐级变化的。

- “这是产品的特性。”
- “我已经给您介绍了产品的特性，现在介绍一下这些特性的作用（清楚地说出产品的优点）……”
- “我刚刚为您介绍了产品的特性和优点。您觉得这个产品特性会在哪些方面让您的企业获益呢？”

第一个例子中没有提到产品特性的优点，因为销售人员觉得客户会明白优点有哪些。

在第二个例子中，销售人员陈述了产品特性的优点。

在第三个例子中，销售人员说完产品特性和优点之后，问了一个开放式问题，通过这种方式让对话继续进行下去。这个问题把客户从被动的倾听者变成了对话的参与者，而且通过让客户说明这些优点如何满足他的需求增强了这些优点的说服力。

注意

你可能本来就知道产品的这些优点会如何满足客户的需求，但如果让客户自己说产品的优点会如何满足他们的需求，实际上就等于客户确认了你的产品会解决他面临的难题。

之所以举这 3 个例子，就是为了表明第一个例子为什么不足以保证客户真正理解了你在销售陈述中表达的要点。

- “特性”描述的是产品 / 服务是什么、是干什么用的，如“这个产品是 ×× 产品的保护罩。”
- “优点”指的是产品的特性能为客户做什么，如“如果 ×× 产品从高处摔了下来，这个保护罩可以起到保护作用。”

销售人员在销售陈述过程中普遍会犯的一个错误是，热情洋溢地向客户介绍产品的特性，然后却忽视了告诉客户这个产品特性会如何让客户获益。销售人员至少会介绍 4 个令人心动的产品特性，如“涡轮增压、闪电般的速度、钛制外壳、番石榴优化后的分子膜”。

这里所说的“番石榴优化后的分子膜”显然是一个玩笑。我们的意思是，很多销售人员说的话里都是产品特性和行业术语，而且也不说清楚“闪电般的速度”如何会为客户节省时间，或者“钛制外壳”如何会在 ×× 产品从高处掉落时起到保护作用，使其免于损坏，又或者“分子膜”如何会使 ×× 产品避免因潮湿而生锈，让客户既能在室内也能在室外使用该产品。

在销售陈述过程中谈到产品特性与优点时，要注意以下几点：

①首先要针对客户的需求进行沟通，其中既包括客户已经表达的需求，也包括没有说出来的需求。如果客户觉得自己没有需求，你就很难为他提出问题解决方案。通常情况下，你必须把客户没有说出口的难题说出来。

②详述你的产品 / 服务特性：告诉客户你的产品 / 服务是什么，以及用途是什么。如果你要说行业术语，就要确保对这些术语进行解释。更好的做法是，一个行业术语都不要说，这样你就不用总想着要解释这些术语了。

③清楚地解释产品特性：解释这些特性会如何解决客户的难题或者使客户受益。

现在花点时间想出 3 个你的产品 / 服务最有说服力的特性，然后把这些产品特性能为客户解决什么难题写下来。接下来，用一两句话说清楚你的产品/服务是什么以及有什么用处。最后，解释一下这些产品/服务的特性如何会为客户解决这些难题，以及如何会让客户受益。

需求：____

特性：____

优点：____

如果你觉得很难记住在解释完产品特性后再去解释优点，那就先从优点说起，然后再向客户介绍产品特性。

- “这会节省您的时间（优点），因为产品的××功能（特性）会……”
- “您的生活压力会减小（优点），因为产品的××功能（特性）可以……”

介绍完产品的特性和好处，然后再让客户说，“上周，我们遇到过一个问题，你的产品恰恰就能解决这个问题（优点）。”这难道不好吗？

客户通常会犹豫要不要显示出明显的购买信号，但你能设计一些问题并在做销售陈述之前把这些问题向客户提出来。在一开始你可以先说产品/服务最有说服力的优点，然后围绕这些优点设计一些问题。下面列举了一些有关产品优点的问题，这些问题能鼓励客户说出你的产品优点能解决自己面临的哪些难题。

关于产品交付保障的问题：“如果产品交付不及时，会对您的业务造成什么影响？”

关于在线服务记录的问题：“和董事会开会时，如果能立即查到服务记录，这对您来说有多大的价值？”

关于24小时不间断人工服务热线的问题：“如果客户给你们打电话希望你们提供服务，却听到电话语音留言说你们已经下班了，必须等到下个工作日才行，这对你们的业务会产生什么影响？”

关于灵活融资的问题：“如果你为了在业务旺季让利润最大化而需要采购一批产品，那现金流会对你的采购能力产生什么影响？”

如果你除了在销售陈述开始前问一些探索性问题之外，还会再问一些细节性问题，客户就更有可能打开话匣子，把他们面临的具体挑战告诉你。这些信息会有助于你让销售陈述的内容变得更有针对性，最终说服客户购买。

很自然地，你会非常兴奋地向客户介绍你们公司为解决客户的难题而提供的解决方案，因此不马上开始向客户推销对你来说就成了一个难题。“啊！原来我们的产品会为您解决掉这么大的麻烦，省得您头疼好几周了！首先，我们的产品会……”

等一下。在销售陈述过程中，要记住你在任何时候都有3个基本选择。

- 进行陈述。
- 提问题。
- 保持沉默。

客户认可你的产品优点相当于给你送了一份大礼，会有助于你拿到订单。这时候，如果客户仍然愿意聊他面临的难题，那你就可以再追问一两个问题。你越多地了解客户面临的难题，就越有助于你提高销售陈述的说服力，进而更容易地拿到订单。

（2）推销价值

如果你推销的是以价值取胜的产品或服务，而对手的主要卖点是价格，那就要继续和客户聊产品的特性和优点。我们在第8章提到过这个问题，当时我们举了一个探索性问题的例子——“价格是您需要考虑的唯一因素吗，还是质量也同样重要？”

大多数情况下，推销价值是在销售陈述过程中完成的。在推销价值的开始阶段，你可能会采取类似这样的说法，“我们的产品价值比竞争对手的高，因为我们的产品有 A 和 B。”然后在收尾阶段，一般的销售人员会说，“我们的价格是……（数额）。您想买吗？”

潜在客户很少会把 A、B 和你在收尾阶段提出的较高价格联系在一起，因此通常会问你，“为什么价格这么高？”

然后，推销价值的第二步就开始了，“您还记不记得我刚刚说，与价格低一些的产品相比，实际上 A 和 B 会让我们的产品在未来 20 年之内更合算？”

这时，客户通常会和销售人员针对 A 和 B 进行争论——“没错，但是……我还是觉得贵。”接下来，话题就转到了这两个产品特性所具备的优点上。销售人员开始重复刚刚的话——“不是，如果您把未来 20 年考虑在内，这不算贵。您能省下一大笔钱。”然后客户说：“未来 20 年我说不好，但我确定的是，下次开董事会的时候，预算很容易就会超支，这太贵了。”然后销售人员继续说，继续说。

为了解决这个问题，你和客户见面后要更早地针对价格和价值这个大问题达成一致意见。在了解客户需求时，你要针对价格提一个探索性问题：“价格是您需要考虑的唯一因素吗，还是质量也同样重要？”知道这个问题的答案后，你就能在详述 A 和 B 之前与客户针对产品质量的重要性达成一致意见。

如果你推销的是以价值取胜的产品，你是想等客户在你的销售陈述过程中针对价格提出问题，还是想根据你的意愿主动提出这个话题？

- 第一种选择属于等待观望型销售。你在销售陈述之前一直在等待，然后希望自己做的销售陈述能说服客户，让客户觉得你的产品值得更高的定价。

- 第二种选择属于结构化销售（structured selling）。你利用了“说服客户的循环”，对销售过程进行了结构化、有条理的安排，然后选择恰当的时机和方法，以最有说服力的方式解决“价格还是价值”这个问题。

你要通过那个关于“价格”的探索性问题，与客户就“价值还是价格”这个问题达成一致，然后再做销售陈述。如果你在做销售陈述之前引导客户在内心中问自己一些你希望的问题，随后就更有可能在销售陈述过程中或结束后听到客户做出理想的回答。

（3）推心置腹地游说

有时候，你把能说的都说了，但客户还是犹豫不决。这时候，诚挚地说几句心里话能让客户相信你的目的就是为了满足他们的需求。这样你就暂时跳出了销售人员的角色，作为一个普通人和他进行交流。

在推心置腹的交谈中，要让你说的话可信。这取决于你的表达方式，以及你所说的内容。

要有节制地进行推心置腹的交谈。这种交谈的感情密度比较高——一小点就能支撑你很长时间。你不需要去确认客户是不是把你的话听进去了，如果你通过他的非语言行为意识到他在听你说话，那就意味着他听进去了。推心置腹地说完后，要继续进行下一步，把话题转移到销售陈述的下一个主题上。

注意 如果你把销售仅仅视为一个谋生的工作，那最好还是不要和客户交心。与其为了拿到订单去说一些你自己都不相信的话，还不如保持真实的自我。记住，没什么秘密能瞒得过客户。如果销售人员说一些自己都不相信的话，客户能看出来。

下面是一些例子，供你参考。

和客户讨论价值和高价格的问题，“吉姆，我知道我们的价格不是最低的。

重要的是，你要知道我们为什么从来不把价格降到那个最低水平。如果产品的价格最低，那就可能不得不降低服务质量来适应这个价格。我们公司不会这么做。我们专注于不遗余力地一次性把工作做好。”

如果你说这些话的时候声音平淡乏味，不会有什么效果，只是寻常的几句话而已。但是，如果你看着客户的眼睛，身体稍微前倾，发自内心地说出来，这就变成了推心置腹的交谈。

倾心的交谈也会解决实际问题。“苏伊，我不想为我们为你提供的服务辩解。你当时想要的不是这种服务。我现在的任务就是提供最适合你的服务。我们非常尊重你的企业，所以要提供配得上你的服务……”

你没有辩解，也没有难为情。好公司并不意味着完美。好公司会为客户提供高价值的产品和服务，而且如果产品和服务不符合客户的期待，好公司会迅速进行调整。优秀的销售人员会迅速地解决难题，而且会利用这些不利事件来展现他们为客户提供的服务是多么出类拔萃。

交心的谈话也可以用在收尾阶段。“约翰，我知道你还有其他选择。你也听到了，我一直在解释为什么我相信我们是你的最佳选择，可以为你提供出色的服务（总结服务的优点）。”“最后一个原因是，如果你和我们公司合作，剩下的事就包在我身上。让你得到绝佳的服务，对我来说非常重要。我在我们公司会保护你的利益，保证让你享受到我们最好的服务。”

当然，最理想的情况是，你确实非常在意服务质量，而且你也确实致力于为客户提供出色的服务。

此外，你还要定期检查你的销售陈述内容。在你的销售陈述中，是不是每个部分都在一定程度上能引导客户立即采取行动（决定购买）？你的销售陈述中可能有很多有趣的事和好玩的故事。永远都要记住，销售陈述的内容要么会让你离订单更近一步，要么会降低你拿到订单的可能性。

要点总结

- **每次与客户接触都是你进行销售陈述的机会。**
- **做销售陈述时，你的非语言行为比你的语言更有说服力。**
- **在销售陈述过程中，只要时机合适，就要问问题，而不要只是陈述，因为参与对话的客户才有可能购买。**
- **要了解客户常用的措辞类型，然后在销售陈述过程中使用相同的类型：希望 / 避免；可以 / 必须；感觉、听觉和视觉类词汇。**
- **在视觉方面，可以通过手势、面部表情和视觉辅助工具来表达你所说的话。**
- **每次提到产品特性，都要提到该特性的优点。**

10

在收尾时向客户提问题

到目前为止，你在销售过程中做的所有事都是在为请客户购买产品做准备。在收尾时向客户提问题就有可能让你拿到订单，这意味着你要直接、明确地请客户做你想让他们做的事。**如果你想拿到订单，就得问客户想不想把订单给你。**

如图 10.1 所示，到目前为止，你已经按照“说服客户的循环”采取了以下行动：

- 与客户建立了融洽的关系，因为客户更喜欢从招人喜欢的销售人员那里买东西。
- 为了了解客户的具体需求，你已经问了探索性问题。
- 你已经提出了满足客户具体需求的解决方案。

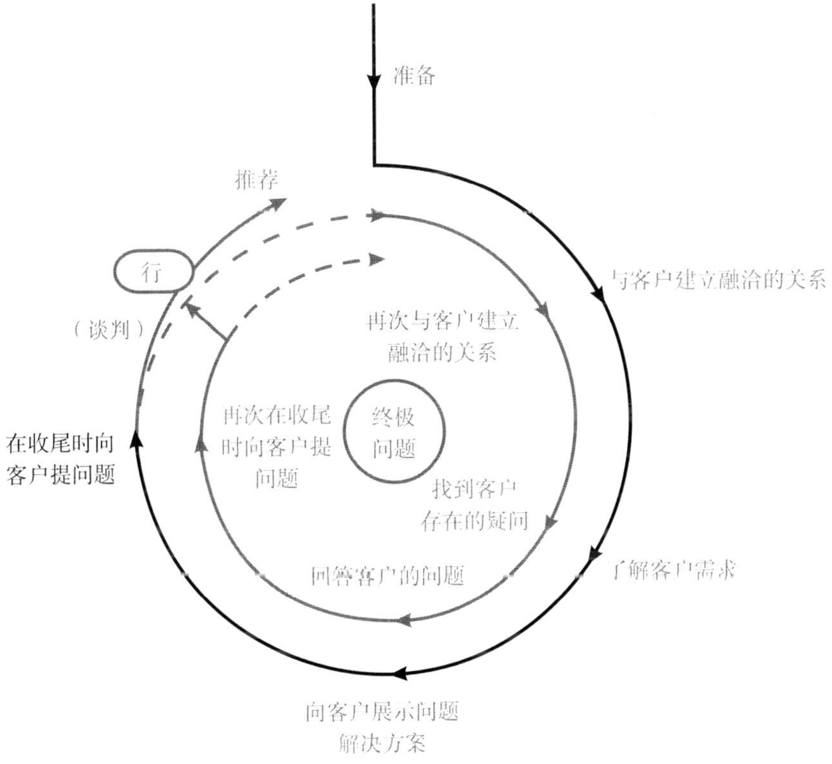

图 10.1 说服客户的循环（在收尾时向客户提问题）

现在，你要请客户采取实实在在的行动，并且要引导他完成决策过程。至关重要的是，你要平稳地过渡到收尾阶段并向客户提问题，不让客户产生任何不适或恐惧感（也就是对销售的抵触心理）。这个过渡的过程可能会让人非常恐惧，尤其是对没有经验的销售人员来说。然而，只要熟练掌握了这一步，你就相当于毕业了——从推销员变成了专业销售人员，而且你的收入水平也会相应提高。

收尾的重要事项有哪些

正如本书此前所述，销售培训把大量时间和精力都放在了销售陈述上。这种做法背后的观念是，销售陈述会为你赢得订单。如果把更多的时间和精力用于收尾问题（即请客户做出购买决定的问题）的提问方式上，销售成功率才会真正提高。尽管提出收尾问题是销售过程的一个巅峰，但这一步仍然是销售人员最害怕的环节。

为什么这么多销售人员不敢请潜在客户采取行动？下面是一些可能的原因：

（1）他们怕被拒绝

如果你还不明白这一点，现在就要明白：你不是每个订单都能拿到！如果你尽了自己最大的努力，而目标客户却没有买你的产品，那大多数情况下并不是你个人的原因。不要觉得拿不到订单就是对你这个人的拒绝。

（2）他们怕让潜在客户掏钱

作为年轻人，我们很多人接受的教育都是“向别人要东西是不礼貌的——尤其是钱”。在销售中，你提供了一些东西，以此换取客户购买产品的意愿，记住这一点至关重要。你不是在向他们索取，销售过程是一个交换的过程。

（3）他们怕如果时机不对会让他们显得很蠢

有些销售人员不确定什么时候该请客户购买。在他们眼中，收尾是一个孤立的环节，因此何时收尾就显得更加令人不解。专业销售人员除非觉得客户了解的信息已经足以做出购买决定了，否则会一直做销售陈述。然后，他们就会试着问一些试探性的收尾问题，以确定客户是否已经准备好决定购买了——这些事都是在最终收尾之前做的。

（4）他们怕沉默

有些销售人员面对沉默会觉得心慌。于是，他们一直说个不停，可能一直说到客户购买为止。**销售人员需要吸取的几乎最重要的一个教训是：一旦他们问了收尾问题，就应该闭口不言了。**客户需要一点沉默的时间想一想才能做决定。如果你还是说个不停，客户就很难去思考。所以，请保持安静。

（5）他们怕自己弄错了

有些销售人员害怕最后发现自己做的销售陈述就是在浪费时间和精力。他们怕自己判断错了，误认为这些客户就是目标客户，错误地认为自己的产品能很好地解决客户的难题。在有些销售情境下，可能你在整个销售过程结束之后才会发现对方并不是决策人。即便是顶级销售人员也遇到过无法应对的特殊情况。

在销售过程中，销售人员竟然有这么多害怕的事，很有讽刺性，对吧？通常我们想到销售过程中害怕的事时，脑中会浮现出客户害怕的各种事。在销售过程的收尾环节，你已经离拿到订单很近了，所以应该觉得兴奋，而不是害怕。现在应该把注意力集中在眼前的每一个细节上，并向客户提出收尾问题。

如果你只能从本书中学到一件事的话，那就是：**销售过程的重头戏在收尾阶段才开始，**因为这时候正是大多数客户做决定的时候。没错，有些潜在客户在你收尾前就已经决定要买了。那就太好了！但是这种情况很少出现。

更常见的情况是，当你准备收尾时，潜在客户会提出问题、顾虑或者开始讨价还价。通过对这些问题和顾虑的回应来引导客户，这时就显出了你作为一名专业销售人员的能力和技巧。这时候，什么事都有可能发生，而顶级销售人员随时准备着应对所有会发生的事。

顺便说一下，观望型销售的观念是，客户是在你做销售陈述期间做决定的。但大多数时候，客户在销售陈述结束后才会决定是否购买你的产品或服务。所以说，收尾才是重头戏。销售人员在收尾阶段采取什么样的行动决定了他是顶级销售人员，还是一般的销售人员。

注意 很多销售人员所在的行业需要他们得到客户的多次认可才行，因此需要多次拜访客户。在这种情况下，你不可能第一次和客户见面就拿到订单，此时我们所说的“收尾”指的是往前推进一步，让你离最终拿到订单更近一步。你每次和客户见面都要有一个目标，即使目标是让客户同意再见你一次，那也没关系。

如果请客户做出购买决定的时机到了，销售人员就应该总结一下你之前得到客户认可的观点，既要提到你给他提供的各项选择的优点，也要提到缺点。对产品优点的总结有助于客户理清思路。你不能奢望客户会把你告诉他的所有信息都记住，然后再决定买不买。这是你该做的事！

直接收尾 vs 试探性收尾

几乎算得上最有效的两个收尾问题是：**直接收尾型问题**和**试探性收尾问题**。

直接收尾型问题会直截了当地请客户采取行动。

- “莎莉，你安排的订单号是多少？”
- “格伦，你想通过什么方式付款？”

试探性收尾问题会试探一下客户是否已经准备好采取行动了。这种问题可以试探出客户购买的兴趣有多大。

- “如果您批准了这个施工订单，您的租户希望我们在一年中的什么时候开始施工？”
- “如果您要把柜台翻新一下，想用木材还是石材？”
- “如果我们成了您的服务供应商，您想不想享受一下我们的年度结算折扣优惠？”

客户会毫无顾忌地回答你的试探性收尾问题，因为他们的回答并不意味着承诺要买你的产品。在这个意义上，试探性收尾问题是理论问题，并不代表行动，你问客户问题只是为了了解信息。很多时候，他们在发表观点的时候会透露出某种信息，而客户非常喜欢发表观点。

试探性收尾问题具有如下优点：

（1）客户会保持放松状态

客户不会感觉到压力，不必做出最终决定。如果他的回答是肯定的，那么在他购买你的产品或服务后也会传达出同样的信息。如果他的回答是否定的，或者对你问的问题提出了一点顾虑，你也不会损失什么，而且这还为你指明了方向，会让你意识到在提出最终收尾问题之前还需要说些什么。

（2）你可以问好几个试探性收尾问题

在请客户采取行动之前，你可以问好几个试探性收尾问题，把客户决策的方方面面都了解清楚。试探性收尾问题可以让你了解到一些重要信息，意识到客户处于决策过程的哪个阶段。

（3）在销售过程的任何阶段你都可以问试探性收尾问题

试探性收尾问题最大的优点之一是，你不必非得等到收尾时才能了解到客户是不是愿意买你的产品。事实上，在了解客户的需求时，你就能问一些试探性收尾问题。

用语言组织一下你的试探性收尾问题

通过试探性收尾问题可以判断出客户对你们公司产品或服务的兴趣大小。很多时候，这种问题的开头会是这样：

- “如果您想进一步……”
- “如果您想今天就进入下一个阶段……”
- “如果您想今天就迈出下一步……”

“如果”这个词让问题变成了理论上的问题，能让客户放松下来。用这些话开头会让客户意识到他即使告诉你一些采购信息，也并不意味着对你承诺要买你的产品。但是，如果你在和客户见面期间问了很多试探性收尾问题，那你每次一用这些话开头，客户可能就会觉得很心烦。

注意 过多的重复会显得像是一种销售技巧。你肯定不想让客户觉得你在给他施加压力，或者在诱使他购买你的产品。你一定希望客户把注意力集中在你的销售陈述上。

问了几个试探性收尾问题后，就不要再用下面括号中的这些话作为开头了。

- “我们的产品有 3 种颜色。（如果您决定要买我们的产品）颜色对您来说有多重要？”
- “我们可以在 24 小时之内交货。（如果您要订购我们的产品）您希望几天收到货？”

试探性收尾问题有助于你判断客户有多大的可能性会在两天内决定购

买。如果客户不打算采取任何行动，他们会直接告诉你，而不会回答你的问题。

销售人员：“那么，如果董事会同意采购，您希望我们多久交付？”

客户：“哇，我们还没准备和董事会说这事儿呢！”

在这个例子中，客户没有回答销售人员的问题，但他也透露了一个重要信息，那就是董事会离做决定还差得远呢。

如果客户不回答你的问题，那就向他解释一下你这么问的原因。“我之所以这么问，是因为夏天对我们来说是淡季，我们在那几个月安排发货的时间不确定性较强。”啊，现在客户就明白了，你是在想办法维护他的利益，因此他会更愿意回答你接下来提出的问题。

试探性收尾问题还包括其他例子：

- “约翰，你知道我们为什么这么想知道客户使用这个产品的效果怎么样吗？”
- “玛丽，咱们到现在为止讨论的这些问题，你觉得怎么样？”

实际上，这些问题是在请客户进行反馈，进而确定下一步怎么办。如果客户的反馈是积极的，你可能就会问收尾问题了。如果客户的反馈是消极的，那你至少是听客户提出了一个顾虑或者问题，可以按照“说服客户的循环”向客户展示问题的解决方案。

如果你问完试探性收尾问题后，得到了正面的回应，那就利用一个经过实践证明的收尾策略，提出最终的收尾问题。“**科林·鲍威尔式收尾**（Colin Powell Close）”就是这样一种策略，大致过程是这样的：

约翰，美国前国务卿科林·鲍威尔说过，“犹豫不决为美国人民、美国企业和美国政府造成的损失比错误的决策还要多数十亿美元。”我们现在说的是一个决定，对吧？如果你说“行”会怎么样，如果你说“不”会怎么样？

如果你说“不”，什么事也不会发生，明天的状况还会和今天的一样。你明天还会面临那些让你今天和我见面的难题。

但是，如果你说“行”，你就能享受到我们刚刚说到的那些产品的优点。

然后，在纸上列出客户觉得会有利于他们公司或家庭的产品优点。列出来之后，交给客户看。把你的笔递给客户，然后坐着不要动，而且要安静！等他做决定。他会做出决定——要么买，要么不买。

订单收尾

如果处理得巧妙，这种收尾不易觉察而且会非常自然。不幸的是，有些销售人员收尾收得过于唐突，他们在销售陈述结束之后就抽出了销售表开始填。客户可能会觉得你跳过了一些步骤，而且你得出的结论没有任何依据。接下来，我们更详细地分析一下这种情况。

首先要提个醒：随身带一份空白订单永远都不失为一个好主意。即便你没想着让客户当天就决定买你的产品，那也要在其他销售材料或视觉辅助工具里放上一份空白订单。

把你的视觉辅助材料慢慢散开，让客户看到空白订单的一部分。让它在不知不觉中催生客户的好奇心，促使客户看一看上面的条款；让它在不知不觉中暗示客户可能会需要用到它，让它成为房间里的一头大象①。或者，你也可以把它放在笔记本的几页纸下面。除了在与客户对话的过程中做笔记，你还可以把客户传达的信息写在空白订单上，而订单翻几页纸就能看到。

① 房间里的大象（elephant in the room，英文习语），指的是被忽视或回避的一个明显事实。——译者注

如果客户问你在干什么，那就回答："我发现如果我在对话过程中仔细记录，就能记住更多重要的细节信息——尤其是那些能节省客户的金钱或时间的细节信息。我把这些重要的细节信息写下来就不会忘了。"知道你做了什么吗？你刚刚说的话就等于告诉客户：填你的空白订单符合客户的最大利益。这么做为你带来的好处会让你大吃一惊。

如果客户说他还没准备好和你签订任何文件，那就说："我理解。相信我，我最不愿意做的事就是催您。"你可以笑着说出这句话，但如果对方是潜在客户，那你说这句话的时候千万不要笑。要真诚地说出这句话，然后他就会放松下来，这是真的。在大多数销售过程中，你到最后才能请客户在一些文件上签字，而不是在这时候。

接下来，不要把订单文件或者网上订购信息称为"合同"。我们之前说过，利用你的措辞在客户心目中营造积极的形象是多么重要。如果你听见"合同"这两个字，会想到什么？这是法律文件，是一种承诺。如果要废除合同，很可能要去法院才可以。不要说"合同"，要说"协议""文件"或者"表格"，然后看看客户有什么反应。他不会再像以前那样带着防御性跳起来反驳你了。

还可以利用另外一个时机自然而然地把你的订单表拿给客户看，那就是客户问起你们公司的订单时。把文件拿出来，让客户明白你们公司可以提供书面订单。同时，也可以告诉客户订单上哪个部分是支付条款、交付形式或影响客户决策过程的其他重要细节信息。

把书面协议上的相关内容让客户看过之后，就把协议放到一边。

注意

不要把订单表放得离客户太近。还记得我们之前说过的与客户的身体距离原则吗？订单表与客户之间的距离也要遵守这

> 个原则。当你把书面协议拿给客户时，动作幅度要小，免得让客户觉得你是在逼他。宁愿把订单表放得离客户远一点，也不要放得太近。

如果客户把订单表拿起来看，你会不会觉得这是一个购买信号？客户把任何视觉辅助材料拿起来看，都表明他对你的产品感兴趣！这并不意味着他会买，但表示他对你说的内容有好奇心。至少他在你的销售陈述过程中是投入的，一个投入的客户更有可能决定购买你的产品。

所以，在整个销售陈述过程中，订单表都要放在桌子上。如果客户针对资金支付、产品交付、产品 / 服务风格和其他一些内容向你提问，那就是在对你释放购买信号，他在你说话时点头就是认同你。

订单收尾相当于一套组合拳：用试探性收尾问题让客户更快做决策，然后用订单表告诉客户你会在什么位置记录他们对某些问题的回答。

- “最佳交付时间是什么时候？”
- “您觉得怎么样才算买了？拿到订货单还是签了支票？”
- “我们把产品送到您的办公室还是库房？”
- “账单地址是当地办公室还是总部办公室？”

客户在回答这些问题时，你要把订单表作为视觉辅助材料加以利用，告诉客户订单表上的哪些地方会写上资金支付、产品交付或者产品的型号规格等信息。

你可以真的马上就把这些信息写上，也可以不写。你必须要先确定客户的购买信号有多强，然后再动笔填写，或者在电脑上输入相关信息。利用订单表的意义在于，你会让客户减弱对书面协议的抵触感，因为书面协议会让客户的购买承诺在形式上固定下来。如果客户确实决定要更进一步，那么填写书面协议会很容易，因为他已经非常熟悉协议的内容了。

如果客户比较放松而且态度比较积极，那只要你确认了账单地址，就填在表格上的地址栏。如果客户不拦着你，那只要得到相关信息，就继续把表格填完。

注意 不要指望客户按照订单上的信息顺序向你透露相关信息。要非常熟悉你的订单，确保自己能很快跳过一些内容，找到正确的位置填写新信息。记住：销售就是要让客户感觉自在一点——不要逼着客户满足你的需求。

把填好的订单放在客户面前，然后快速看一遍。在快速浏览订单内容的同时，要用手指着相应的内容向客户进行解释，“我们会把货送到这个地址，账单寄到这儿，支付方式是……”

把笔放在订单上，然后指着他的签字栏说，“您到时候在这儿签字。”

注意一下这句话的措辞，你并没有让他立刻在这份协议上签字。采用这种收尾方式时要保持警惕，不要指使客户去做什么事，指出他应该在哪儿签字就行。然后坐好，眼睛看着订单。

你的状态要放松，面部表情要愉快。如果你觉得自己很有说服力的话，那就慢慢地点点头。把目光放在订单上，实际上是在暗示客户应该把注意力放在这里。要一直看着订单，一直等到客户签字，或者提出问题或顾虑。

如果他又开始问你问题，不管在什么时候，只要你回答完他们的问题，都要指着订单表上的相应内容。比如：

客户：“我能用信用卡支付吗？”

销售人员：“您更倾向于这个支付方式吗？如果是的话，我们就在这儿写上（指着订单表上的一个位置）。”

客户：“交货日期能改到下周吗？”

销售人员：“您下周最方便收货吗？如果是的话，我们就在这儿写上（指着订单表上的交付日期）。”

这就是订单收尾。你有没有看出上面所说的方法与你之前销售陈述的收尾方式（刚拿出订单表就请客户确认他的地址）有何不同？在销售陈述过程中，将订单表作为视觉辅助材料加以利用，可以让客户在最终收尾阶段对订单表觉得比较熟悉而且没有威胁性。

其他收尾类型

请对方做决定的方法有数百种之多，本书篇幅有限，只能讲到其中几种。一个多数人爱用并且易用的收尾策略是**交替前进式收尾**。这种收尾策略会为客户提供两个选择。这两个选择都能让你拿到订单，而不会让客户的回答仅限于“行”或“不”。比如：

- “您觉得哪个解决方案更好一些，产品 A 还是产品 B？”
- “您更希望周二收货，还是周五收货？”
- “您要深蓝色还是天蓝色？”

面对那些不想让别人告诉自己做什么或不知道自己想做什么的客户，这种收尾策略尤为有效。

另外一种可以利用的收尾策略是**本杰明·富兰克林式收尾**（Benjamin Franklin Close）。这种收尾策略可以通过直观的形式吸引那些不在语言上回应你的客户，同时对那些拖延做决定的客户也非常有用。在收尾阶段，你的客户可能会说，“我再考虑一天”或者“我权衡一下，然后再联系你”。睿智的本杰明·富兰克林用过也推荐过一种方法：列出决策的一系列利和弊。这个方法已经在实践中运用了数百年之久，因为确实非常实用有效。

所以，如果客户说过一段时间再做决定，你可以说："约翰，历史证明最伟大的决策者认为一个好决策就像事实一样确凿无疑。我最不愿意做的事就是让你做出不明智的决定。但是，如果这是一个好决定，你一定想做，对吧？"

没有多少人不想做出好的决策。

"好的。我来帮帮你。咱们在这张纸的中间画一条线。这边列出支持你今天做出明智决定的理由。然后，这边列出反对这个决定的理由。列完之后，我们数一数分别有多少个理由，这样你就能做出正确的决定了。我们现在先看看……"

你要随即列出支持客户购买产品的所有理由，至少要列出 6 个。然后，你要热情地说："现在我们看看有哪些理由反对你做这个决定。"

现在你就安静地坐着，让潜在客户自己一个人想这些理由。等他把理由都列出来之后，你就说，"来，咱们看看有哪些理由。"

分别算出两边各有多少个理由，不要考虑哪些理由比其他理由分量更重。然后说："答案非常明显，对吧？"然后，转而把你的文件中空缺的信息填上。

提醒一下：问收尾问题时，你的用词要能在客户头脑中形成你希望看到的情境。不要描述你不想看到什么结果。如果你说了，客户就会为了理解你说的话而很快地想象一下这个画面。

诸如**犹豫**、**推迟**、或**成本**这样的词会描绘出你不想让客户做的事；诸如**今天就行动**、**迈出下一步**、**参与**和**填这些文件**这样的词会描绘出你想让客户做的事。

注意一下以下例子的不同之处：

- 否定：“您做决定时在犹豫什么呢？”
- 肯定：“如果要迈出下一步，还需要什么前提？”
- 否定：“您是不是觉得太贵了？”
- 肯定：“您觉得产品的这些优点对贵公司的价值有多大？”

提前把你的收尾词写出来

收尾阶段在销售拜访中是充满变化的。很多销售人员会在与客户见面时临时组织语言来收尾，一边想一边说。有些销售人员很擅长即兴对话，但事实上，大多数都不擅长。多数销售人员可以完成收尾，但他们在请客户购买自己的产品时会有很多停顿，说很多“呃”，从而减弱了收尾词的说服力。

如果你在收尾阶段请客户购买你的产品时说话支支吾吾，就相当于你对自己的产品缺乏真正的认同感。你的客户会觉得你表现出来的不确定是因为你在考虑如何措辞，而不是你对自己的产品缺乏认同感吗？不会。客户感觉到的都是细微的、非语言上的细节，而且会在你请他购买产品时注意你的这些细节。就客户的内心而言，对销售的抵触心理会再次出现。

不要任凭客户进行主观臆断。请客户购买你的产品 / 服务时，无论如何也不能迟疑，不能对你的产品或服务价值抱有任何不确定感，不能对你提出的行动呼吁（请客户购买你的产品 / 服务）有不确定性。

在收尾阶段如何避免不确定性？**一字一句地写出你在请客户采取行动时打算说的最后两三句话。**只写最后几句话就可以了，然后不断练习把你写的话大声说出来，直到你有信心保证说完这句话后客户马上就会采取行动（购买你的产品 / 服务）。

当然，你在收尾时不会在客户面前一字不差地念出这些话，没有必要记下来然后背给客户听。大声练习收尾词的目的在于创建一个简单可行的模式，在客户做决策时，可以让你充满信心地说出简洁的收尾词，而且语气中流露出相信客户一定会购买的自信。

充分利用你的知识

仅仅学习如何收尾还不够。你们公司给你发工资并不仅仅是因为你所学到的知识，还因为你能有效地将这些知识加以运用。既然你已经明白了如何收尾，那就把你学到的知识付诸实践吧。在下面的练习中，为你的产品分别写一份直接收尾词、试探性收尾词以及交替前进式收尾词。

下面是销售 ×× 产品 / 服务的示例。

直接收尾

- “您今天想订多少 ×× 产品？”
- “您看这批产品最好在什么时候交付？”

试探性收尾

- “如果您今天订购我们的 ×× 产品的话，会需要订多少？”
- “如果您要采购我们的 ×× 产品，您想要哪个型号？”

交替前进式收尾

- “您想用支票还是信用卡支付？”
- “您想在 24 小时之内收到货，还是想用常规陆运？”
- “您想延长售后维修期还是想要 90 天的标准售后维修期？”

现在该你了。按照这 3 种收尾类型分别写一些例子。你可能会发现，大声把收尾词说出来有助于你调整措辞，确保说话时比较自然。

你的产品或服务：

直接收尾

- ____________________
- ____________________
- ____________________

试探性收尾

- ____________________
- ____________________
- ____________________

交替前进式收尾

- ____________________
- ____________________
- ____________________

然后，准备运用本杰明·富兰克林式收尾策略。拿一张纸，从上到下在中间画一条线，把所有你能想到的应该购买你的产品的理由都列出来。与客户见面前，你准备得越充分，就越有可能把潜在客户发展成对你满意的客户。

有效收尾的两个关键原则

无论你是刚开始做销售，还是一个经验丰富的销售老手，在收尾时都要注意两个常犯的错误。这两个错误都很低级，但代价非常大，不管你在此之前取得了多少成果，都会被破坏掉。即便你的收尾不理想或者错过了好时机，但只要有效地坚持了这两个关键原则，都可以让客户更有可能购买你的产品。

（1）保持放松

销售人员在收尾时第一个常犯的错误就是紧张。正如本书之前所述，人的外在形态可能会从放松和投入变成急躁或者莽撞。

收尾阶段对你来说可能是焦虑期，因为你马上就会知道客户到底会不会购买你的产品。同样，收尾阶段对客户来说也可能是焦虑期，因为他马上要做的决定可能会花自己或公司的钱。

状态放松的客户更容易决定购买你的产品。要想让客户保持放松，那你自己在收尾时首先就要保持放松。为什么？因为在整个销售过程中，你已经和客户建立起了非常牢固的融洽关系。因此，你们的行为会受到彼此的影响。如果你在收尾时突然变得紧张起来，客户就会受到你的影响，也变得紧张起来。

想象一下，客户本来已经快被你说服要马上购买你的产品了，但突然紧张起来，变得犹豫不决，原因并不是你说错了什么话，而是因为你自己的行为！这多么具有讽刺意味！你在收尾时突然变得紧张起来，而客户会把自己突然产生的紧张情绪和不自在感解读成“直觉告诉自己不要买”。所以，最重要的是，你在收尾阶段必须始终保持放松。

现在，慢慢做一下深呼吸，亲切地微笑。要像你看书时一样放松，收尾时就要保持这种放松状态。

客户觉得焦虑并不都是因为受到销售人员行为的影响。有些客户并不是因为你请他们做决定才焦虑，而是因为他们几乎每次做决定时都会焦虑。对有些人来说，早上决定穿什么衣服、晚上吃什么都会造成情绪上的波动。尽管这是客户的内在问题，但你可以让自己保持放松，进而让他放松下来。

（2）保持安静

销售人员在收尾时第二个常犯的错误是，向客户提出购买请求后还一直说个不停。客户需要时间来考虑你请求他做的决定。只要你一直说个不停，客户就没机会思考你在销售陈述时告诉他的那些信息。保持安静，让他有机会考虑一下如何决定。

如果你在收尾时不停地说话，在客户看来这就意味着你还有一些信息没有说完。

在与客户见面的过程中，你首先要考虑提问题和陈述的先后顺序，并问一些双方都感兴趣的话题，以此建立起融洽的关系。然后，问一些与业务相关的问题，以了解客户需求。在销售陈述过程中，要陈述事实，以便于客户做决定。现在到了收尾阶段，要通过问问题来让客户采取行动。

客户在考虑是否购买时会安静下来。但是，如果他还没想好，你就又开始推销了，说：

- “您别忘了，如果您在月底之前买的话，能打9折。”
- “如果能超过一百件，可以免运费。”
- “订单中包含一年的客户支持服务。”

你这样做会分散客户的注意力，还会让他觉得困惑。你的收尾问题向客户表明他应该做决定了，而你后来说的那些话又表明你还在给客户讲购买你的产品有哪些理由。这就会导致客户在不知不觉中开始怀疑自己了解到的信息是否足以做出决定。

人们在感到困惑时会说“不”。这种模棱两可的话对客户造成的困惑足以导致客户推迟决定购买。更坏的结果是，可能会导致本来要买的客户变得犹豫不决。这就是避免这个错误的重要性。在收尾时保持安静有助于你避免丢掉实际上早就到手的订单。

有效收尾的模式很简单。在销售陈述尾声请客户购买你的产品时，慢慢地做一下深呼吸，放松，然后保持安静，直到客户对你的收尾问题做出回应为止。

“行”“不”和“可能”

一旦这种简单的模式变成了习惯，你就会开始享受客户的决策时刻了，而不是害怕。这时任何事都有可能发生。你的客户可能会大声说：“行！我买两套！”或者会问一些问题、表达一些顾虑（这都属于说“可能会买”的范畴）。或者客户会说：“绝对不！永远都不会买！”但客户不会干坐在那里一言不发。

他会做出回应，因为他还要抓紧时间处理别的工作，并解决自己面临的问题。到了这个节点，他几乎不会斩钉截铁地说“不”，因为如果他想拒绝你的话，在此之前可能就已经拒绝你了。大多数情况下，他会说“行”，然后问你一个问题、表达一个顾虑，或者和你商量一下协议的具体条款。

这样我们就又回到了本书最开始提到的内容——如果客户说“不”。所有优秀的专业销售人员都听到过“不”。事实上，几乎没有客户会在你第一次让他购买时就说“行”。所以，你在心理上和感情上都要准备好应对这 3 种基本的回应方式。实际上，你要预测客户的反应。重头戏开始了！这是你挣钱的关键时刻，也是界定你是不是顶级销售人员的时刻。

情境 1　商务场合的销售拜访

凯特觉得自己做的销售陈述离收尾越来越近了。

在做销售陈述时，凯特说到了史蒂文斯先生想要的结果——让他的团队能准时完成项目——而没有说他想避免的结果。她用的都是**可以**、**能**和**希望**之类的词，从而和史蒂文斯用的可能性词汇相匹配。为了和史蒂文斯先生用的感觉类词汇相匹配，她用了**明白**、**冷静**和**感觉**这样的词。

她把语速降了下来，和史蒂文斯先生不慌不忙的语速保持了一致。另外，她还改变了自己的陈述风格，用平板电脑让对方看了几张 × × 产品的模型图，而且在适当情况下还用手势配合了自己说的话。

最重要的是，她把产品和服务的每一项特性和相关优点都告诉了客户。她除了说某些特性之外（这些特性会让客户觉得她们公司的 × × 产品更可靠），还提到了这些产品特性会如何帮助对方避免以前出现的问题，避免延误对方的团队施工，从而避免不必要的损失。

现在，凯特准备收尾了。她首先问了一些试探性收尾问题。“迪恩，你之前说你目前用的 × × 产品中有的不好用。如果你要换掉这些不可靠的 × × 产品，会需要换多少呢？”

“我们去年有两套 × × 产品出现了问题，但还有一套现在也出现了过度损耗的迹象。”

凯特不确定对方的意思是要买 2 套还是 3 套，但她一般都是按照最大的数来算。她接下来问的试探性收尾问题的目的是，确定自己最后向对方推荐哪个型号的产品。“您想要标准型还是豪华型？”

“呃，对我们的业务来说，豪华型更适合。我们在工作时间里对 ×× 产品的要求很高，所以不太相信标准型能满足我们的需求。”

“迪恩，你知道我们为什么这么以我们的产品为傲吗？”

“我知道。你们产品的质量绝对比我们目前用的产品好。如果你们的服务真像你说的那么好，我会好好考虑的。”

“太好了！您先订购 3 套 ×× 产品，还是 2 套？”

史蒂文斯先生靠在椅子上，在心里盘算了一下。他看了看凯特平板电脑上的产品图，又看了看桌上的一些文件。

史蒂文斯先生在思考时，凯特耐心地坐在那里，脸上带着满怀期待的愉快表情。她不确定对方接下来会做什么，但她对目前的结果很满意，因为他们此前谈论的卖点让客户正在考虑要不要买。她低头看着自己的平板电脑，给对方留出了一点考虑时间。

最后史蒂文斯先生说：“我们现在正处于业务旺季，我不知道现在适不适合换供应商。目前的供应商提供的服务确实靠不住，但价格还可以。”

史蒂文斯先生说了一个顾虑，这个顾虑让他难以决定马上就买凯特的产品，收尾时机就这样溜走了。按照“说服客户的循环”（如

图 10.1 所示）来讲，他们的外环过程结束了，内环过程马上就要开始了。

情境 2　家庭场合的销售拜访

鲍勃的销售陈述快要结束了。在销售陈述过程中，他为了和加里、帕特的用词习惯（比如**不得不**、**需要**等）保持一致，用了一些类似于**必须**之类的词汇。同时，他还用了一些听觉类词汇，比如**听起来不错**，**听着耳熟**等。由于帕特和加里说的都是他们以后想避免的事，所以鲍勃一直在说他们需要怎么办才能避免这些事情发生。鲍勃并没有表现得过于夸张，只是站在帮助他们避免坏事发生的立场对产品进行了介绍，并没有对他们想看到的好事进行描述。这种说话方式并不符合鲍勃的本性。他和他妻子说的总是想要什么，而不是不想要什么。但他现在是在向帕特和加里推销，所以需要配合他们的说话方式。

鲍勃讲了一些第三方的情况，通过这种方式打消了对方对××行业的顾虑。他给他们看了一下消费者报告，报告显示“××房地产公司”位居行业前列。他拿着公司宣传册向他们介绍了公司产品的特性和优点。他提到的优点都有明确的针对性，就是为了应对帕特和加里没有遇到过，但非常担忧的处境。鲍勃把书面协议直接放在了公司宣传册下面。在销售陈述过程中，每次鲍勃拿起和放下公司宣传册，帕特和加里都能清清楚楚地看到“××房地产公司”的协议。当帕特问到“××房地产公司”的客户服务期限时，鲍勃直接让她看了看协议中的相关条款。当加里问到质保期时，鲍勃直接让他们看了看协议中规定质保期内容。因此，在销售陈述结束时，帕特和加里看到书面协议已经习以为常了。

现在鲍勃准备开始收尾了。他首先问了几个能得到他们肯定回答的问题，“您二位刚刚说，黛安娜明年就毕业了，到时候可能会搬出去，对吧？”

帕特和加里点点头。

“我们刚刚已经说了‘××房地产公司’会为您家带来的种种好处，以及现在就采取行动比以后采取行动有什么好处。”鲍勃把这些好处简要地总结了一下，他们又点了点头。

鲍勃拿起协议，指着质保期条款对加里说：“咱们刚刚已经聊过质保期了。”然后对帕特说：“咱们也聊过客户服务了。”鲍勃把协议翻了过来，拿起了笔。“我觉得您二位是希望把××产品送到这儿来吧？”

“我们都是让人把东西送到家里来，但是……”帕特看了看加里。

鲍勃继续说：“上午送过来比较好，还是下午送来比较好？”

“呃……”加里不确定地说道。

鲍勃等着加里回答。他并没有问直接收尾型问题，而是利用文件收的尾，这么做是为了继续问一系列的试探性收尾问题，一直问到帕特和加里在协议上签字，或者一直问到他们不让他再说下去为止。鲍勃认为加里还没有显露出他犹豫不决的原因，这些试探性收尾问题是把这些原因挑明的最好方式。

加里到了做决定的时候了。鲍勃感觉到加里正在纠结要不要买，于是给他留出了一点时间考虑。加里最终说：“我们不知道现在该不该买。”

鲍勃不带任何感情色彩地重复了一下加里的话：“您不知道现在该不该买？”

帕特打断了鲍勃的话，换了个话题。“我不知道 ×× 产品对我有什么用，我不太了解这种东西。如果加里有其他事怎么办？”

帕特一问这个问题，决策时刻就消逝了。按照“说服客户的循环”，他们完成了外环的各个环节，现在该开始内环过程了。

要点总结

- **如果你想从客户手里拿到订单，那就得让他给你。**
- **在销售过程中，既要了解又要应对你和客户双方的恐惧心理。**
- **销售过程的重头戏不是销售陈述，是收尾。**
- **在请客户做决定之前，要对已经说过并得到客户认可的要点进行总结，这一点非常重要。**

- **直接收尾型问题应该明确地让客户采取行动。**
- **通过试探性收尾问题，可以基本上判断出客户什么时候才会做决定。**
- **问完收尾问题后，要保持放松和保持安静，这两点非常重要。**
- **不要打断客户的思考过程。**

第三部分

如果客户说“不”

11

重新建立融洽关系

内环

恭喜你！如前所述，你现在已经完成了“说服客户的循环”中的外环过程，如图 11.1 所示，引导客户到了决策节点。你请客户马上购买你的产品，但客户说了“不”。他可能告诉了你为什么说“不”，也可能还没告诉你，但这都没关系。

销售过程的这个节点实际上正是本书的重要内容所在。这是因为，很多销售人员正是在这个节点才难以向前推进的。当他们听到“不”字之后，就

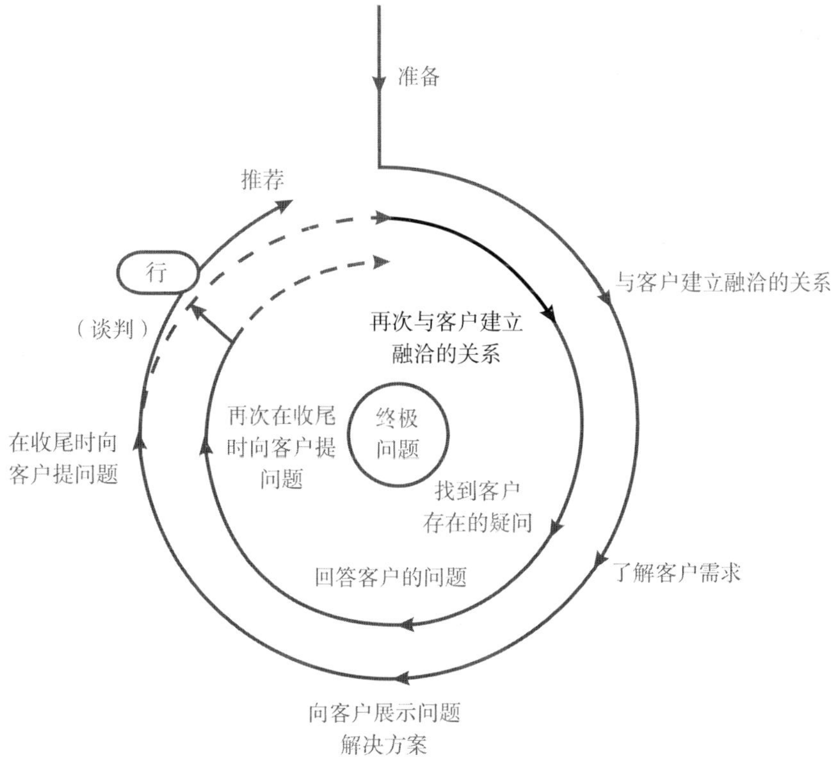

图 11.1　说服客户的循环（再次与客户建立融洽的关系）

开始打退堂鼓，准备撤退，开始想和下个客户见面的事，或者开始想一会儿在什么地方吃点东西、喝杯咖啡，一会儿需要打哪些电话、回复哪些邮件，等等。换句话说，他们一听到客户说“不”，就在心理上放弃了。

但是，你要明白在客户说了几次“不”之后，还有别的路可以走。即便如此，你应该思考一下你听到的“不”字所包含的客户心理，这一点很重要。

现在应该很快地反思以下问题。

- 你当初准备好应对客户可能做出的所有回应了吗？还是客户的否定回答真的让你措手不及？

- 你是不是把客户释放出的信号误认为是客户要买你的产品？
- 是不是客户有某个顾虑，而你却没有察觉到？

如果客户脸上带着微笑，状态也很投入，那当然很好，但不要操之过急。在整个销售过程中，你必须时刻准备应对客户突然对销售叫停的情况。如果客户释放出了积极的购买信号，那就说明你的方向是对的，**但在真正得到客户同意和相应资金之前，就不算成功拿到订单**。

如果客户不微笑或者不投入，怎么办？这样形势就不太喜人了，但不要过早地放弃，也不要在销售陈述还没完成就认定客户今天不会买你的产品。

- 可能客户还没有完全了解你们公司产品的优点。
- 可能客户正在认真考虑你的产品对他有什么好处。
- 可能客户就像打牌一样在和你玩“心理战”，得意自己在销售陈述阶段不对你释放购买信号。

不管客户这种行为背后的原因是什么，只要他还在继续听你说话，你就有机会成功拿下订单。记住，要和客户的行为保持一致。面对一开始态度冷淡的客户，如果你触及到了他关心的敏感问题，他就可能突然活跃起来。这就是关注对方的身体语言为什么如此重要的原因。实际上，与语言线索相比，非语言线索通常更容易被察觉到。

注意

在远程销售中，比如网上销售或者电话销售，你可能会发现客户提的问题相对更多，或者客户的语气与现实中的语气相比有细微的变化——比之前表现出了更多的兴趣。

如果把客户说的“不”比作一团乌云，那乌云背后存在的一线希望就是，任何始料未及或不理想的状况都是证明你是真正专业销售人员的机会。由于某些未知原因，有些客户似乎非常喜欢让销售人员变得惊慌失措。如果你以职业化的冷静态度来处理他们提出的问题、做出的评价、甚至意料之外的行为，他们对你就会越来越有信心。要期待最好的结果，做最坏的打算！如果你事先做好了准备，最坏的结果也坏不到哪去。

“可能”也意味着“不”

记住，有些客户不会直接说“不”，而是会说“可能”。正如本书开篇所述，你必须要把“可能”这两个字当成“不”来对待，原因很简单——客户并没有说“行”。“行”就是客户在文件上签字，并且/或者直接把货款给你；“可能”和“不”就是客户没在文件上签字，也没有把钱交给你。就是这么简单。

由于很多销售人员都在“可能”这两个字上栽了跟头，所以通常要把“不”和“可能”看成一个意思，两者只是表达方式不一样而已。很多客户把“可能”这两个字当成一种礼貌的拒绝方式。有些销售人员自欺欺人地认为，只要客户没说“不”就可以。所以，他们天真地认为，只要他们继续推销，客户最终都会让步，并购买他们的产品。

不要再认为客户只要说了“可能”订单就是你的了，剩下的只是走走流程而已。如果你有这种想法，就是在误导自己。即使你花了很多时间才安排与客户见了面，在销售陈述过程中为了引导客户购买你的产品做了很多努力，但最后的结果可能是，客户想推迟做出购买决定。说“可能”的客户通常都是在拖延。

为了让销售额成倍提高，你一定希望把大部分时间花在那些马上就能对你说“行”的客户身上。本章就重在讲解：当你第一次问完收尾问题客户却不采取行动时，你应该采取哪些策略。

“说服客户的循环”展示出了听到客户说“不”或“可能”之后如何继

续推进销售进程。实际上，有时候“可能”这两个字只是销售过程的中止点，但你在完成“说服客户的循环”的内环之前无法确定，接下来的几章会对此进行详述。在内环的最后，如果你听到客户所说的“可能”的意思是中止点，那就要制订一个计划，继续做这些客户的工作，直到他们说“行”为止。然后，确定一下你应该在那些说“可能”的潜在客户身上投入多少时间和精力。

关于内循环的重大发现

还记得第 4 章中提到的销售的 4 个步骤吗？（1）与客户建立融洽的关系；（2）了解客户需求；（3）向客户展示问题解决方案；（4）在收尾时向客户提问题（即收尾问题）。

在销售过程的第一次收尾环节，“说服客户的循环”会给你一个令人惊奇的视角。如果客户提出了问题或顾虑，你就可以按照你当时引导客户进行第一次决策时所遵循的那 4 个步骤！第一次听到客户对你说“不”之后，如果沿着“说服客户的循环”的内环依次采取相应步骤，速度会比外环步骤快很多，而且会让你离客户购买你的产品更近一步。对很多销售人员来说，这是一个意义深远的重大发现。

“说服客户的循环”的内环流程可以让你明白**什么时候问问题，什么时候做陈述，以及什么时候保持沉默**。简言之，可以让你再次把客户引导到决策时刻，而且你的信心和能力还会和之前一样强，不会受到被客户拒绝带来的打击。

相比之下，大多数观望型销售人员要么保持沉默，要么就是和客户玩起了“一问一答”的游戏，而不是按照计划好的步骤让这笔交易达成。在这种语言游戏中，客户往往会掌握控制权。在销售人员首次试图收尾时，客户可能说了“不”，但仍然有兴趣问一些问题。这就是一个信号，说明客户想购买你的产品，经验丰富的专业销售人员进入“说服客户的循环”的内环之后非常乐于看到这种情况。

然而，观望型销售人员在回答完客户的问题后会陷入沉默，就好像他们回答完就成交了似的，这就让客户完全掌控了销售过程的其余步骤和节奏。但至少这些观望型销售人员会知道如何回答客户的问题，然后再向客户提问，通过这种方式掌控对话。

举一个例子，假如客户问能不能在本月 15 日之前交付产品，一般的销售人员会回答“能”或“不能”，然后就什么也不说了。而训练有素的销售人员则会把回答变成一个“行动呼吁”式的问题——“鲍勃，如果我能保证产品交付日期不晚于本月 15 日，你今天就可以下订单吗？”“如果我能……您会……吗”这类问题是直接呼吁客户采取行动的一种方式。

如果交付日期是阻碍客户做决定的最后一个细节问题，他给你的回答就会是肯定的，这样你就拿到了订单。如果客户犹豫了，那就可能还有其他细节问题需要解决，然后客户才会决定购买你的产品。但起码你现在对他的顾虑又多了一些了解。

如果不知道客户迟迟不做决定的原因，那就好像是徒手抓幽灵一样，没什么具体可以下手的地方。如果你自己提的问题和回答都是在引导客户购买你的产品，那就相当于把这个无形的幽灵变成了可以抓住的具体事物。

和外环的步骤一样，内环的说服过程就像是下象棋，一开始走的那几步决定了客户会有什么样的回应。在这个过程中，你会发现内环的说服过程与外环有如下两大区别：

- 内环的每一步都比相应的外环步骤快。
- 在内环的“再次与客户建立融洽的关系”阶段，你是在做陈述，而不是问问题。本章后面的内容会探讨“解决客户提出的问题或顾虑时，第一步该怎么办”，那时我们会更多地对这一点进行阐述。

再次与客户建立融洽的关系

听到客户说“不”之后，要想解决客户的问题或顾虑，第一步就是重新与客户建立起融洽的关系。下面我们回顾一下销售陈述过程中发生了什么事影响到了你与客户之间的融洽关系。

（1）你当时让客户做决定是否购买你的产品

对很多客户来说，做任何决定都是不自在的过程。因此，你让客户做决定会导致客户不自在，进而暂时破坏你与客户之间的融洽关系，尤其是这个决定还涉及他的时间和金钱的时候，更是如此。金钱方面的决定通常由情绪掌控，充满了戏剧性。大多数人都想把自己的钱攥在手里，不想撒手。大多数人也希望能感觉到自己为公司或者为自己的家庭做了一个明智的决定。这就让客户产生了很大压力。

（2）你当时向客户要钱了

在你请客户购买你的产品之前，很容易就能让客户觉得你和他是站在一边的。

- 你很友善。
- 你真的有兴趣了解他的需求。
- 你让他了解了很多信息（教育客户）。
- 你做的事对他很有帮助。

当你最后请客户掏钱购买你的产品时，你与客户之间的整个关系通常就会发生变化。在心理层面和感情层面上，客户都会觉得你已经从一位帮助他的朋友变成了想谋财的对手。他的防御性（即对销售的抵触心理）因此得到了强化。你必须通过再次与客户建立起融洽的关系来消除他这种感觉，其实本质上就是稳定客户的情绪，然后他才可能再次把你视为帮助他的顾问。

（3）客户没有同意你的请求

暂时影响你们之间融洽关系的另一个因素是，客户没有同意你的请求，即不同意购买你的产品。有些情况下，客户可能是那种爱取悦别人的人，爱取悦别人的人一般都不喜欢对别人说“不”。

在这种情况下，客户在你面前可能就会觉得尴尬——因为他之前拒绝了你。他可能会希望销售过程赶快结束，而且你也能马上离开。你的任务就是向他保证，你并没有因为他没同意你的请求就不想帮她了，或者不喜欢他了，要打消他这个念头。

注意　在真正的决策时刻，如果客户有一点不自在也没关系，大多数人面对变化都会觉得不安。她必须要创造并接受一些变化才能享受到你的产品为她带来的好处。

客户之所以会提出一些看似与你们聊的事无关的问题或顾虑，而不是直接对你的收尾问题说“不”，一部分原因就是为了避免做决定的痛苦。通过提出一些问题或顾虑，她就不需要马上做决定了。这时候，只要你明白自己处于销售过程的哪个阶段并且知道下一步该做什么，那就没关系。客户采取这种做法其实就是在说“可能（会买）”。她对你的产品还有兴趣，可以让对话进行下去……而不是对你说“不”，然后让你走。

但是，不管客户有什么理由不马上决定购买你的产品，你都要让她知道她没决定买你的产品没关系，通过这种方式重建你们的融洽关系。重建融洽关系的重要性不亚于最初建立融洽关系的重要性。重新建立起融洽的关系之后，当你对阻碍客户做决定的问题或顾虑进行解答时，他就更可能相信你说的话。尽管做决定会让客户觉得不自在，但在这个过程中让自己讨人喜欢会对你有好处，因为客户想和自己喜欢的销售人员做生意。

与销售拜访刚开始时一样，讨人喜欢并不意味着客户一定会购买你的产品。但如果你在客户的决策过程中不讨人喜欢，客户就可能过早地结束和你的会面。

销售人员在收尾之后怎么会变得不讨人喜欢呢？因为他们会变得紧张起来。他们的面部表情会流露出失望、不耐烦等不高兴的情绪。更糟糕的是，他们可能会流露出细微的蔑视情绪，通过他们的非语言行为暗示客户，任何一个有常识的人现在都会买。

好消息是，再次与客户建立融洽的关系与内环流程中的其他步骤一样，不需要像外环流程中该环节那样花那么长时间。你通过很短的几句话就可以与客户重新建立起融洽的关系，比如：

- “这是个好问题，很高兴您能问这个问题。”
- “我刚刚就想说这个问题，谢谢您提出来。”
- “鲍勃，你犹豫我很理解。也许是我没有完全理解你的情况。”

仅仅通过这一两句话，你就让客户意识到了不马上说“行”没关系。重新建立起融洽关系能让你再获得一些时间引导客户重新做决定。客户放松下来后，你就可以进行下一步，重新审视他的需求，确定你在第一回合漏掉了哪些东西。

在重新了解客户需求的过程中，如果客户说了“不”，一定要始终保持镇定，向他展示出你自信、专业的一面。

在这一环节，你要重新让客户觉得自在舒适，还要问客户一些问题，确保你更具体地了解到了有哪些因素阻碍着他当天做出购买决定。

要点总结

- **只要客户仍然保持着投入的状态，你就有机会拿到订单。**
- **要把“可能”这两个字看成是“不”，原因很简单——客户并没有说“行”。**
- **客户之所以说“不”，并不一定都是因为对你或者你的产品没有信心，而通常是因为他对自己是否有能力做出明智的决定没有信心。**
- **听到客户第一次说“不”之后，不要像踢皮球一样玩“一问一答”的游戏。**
- **听到客户第一次说“不”之后，要想解决客户的问题或顾虑，第一步就是重新与客户建立起融洽的关系。**

12

找到客户存在的疑问

通过重新与客户建立融洽的关系，让客户再次放松后，下一步就是确定客户拒绝你的真正理由，如图 12.1 所示。然后，你就可以为解答客户存在的疑问或顾虑营造出理想的氛围了。

在内环流程的“回答客户的问题”环节，你有如下两个行动方案可以选择：

- 被动地对客户的行为做回应，等着看客户接下来会提出什么问题或顾虑。
- 退一步，看一看自己在销售过程的这个阶段有什么目标，然后积极主动地引导客户重新做决定。

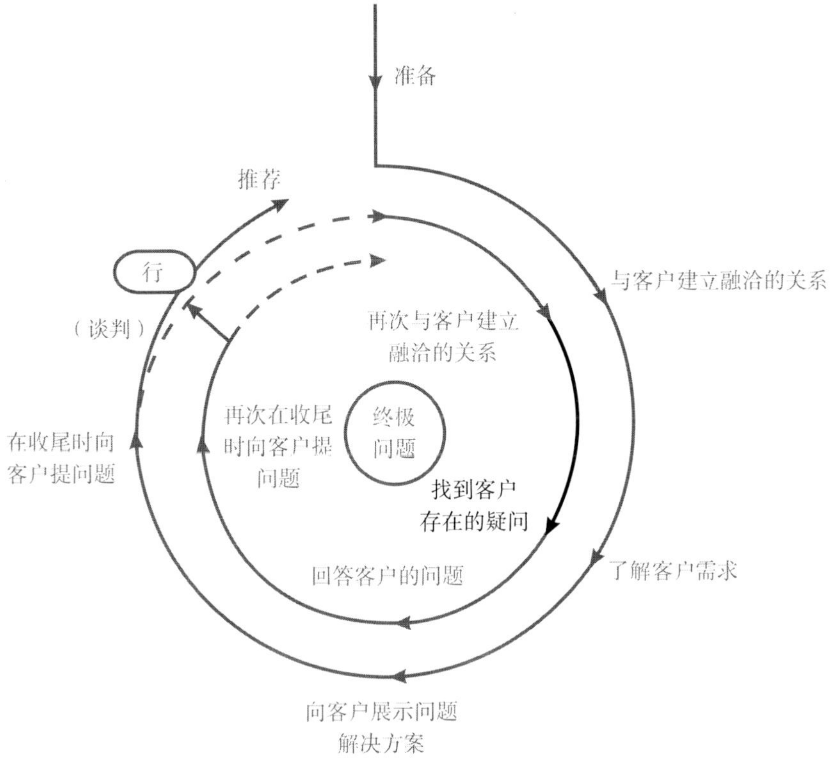

图 12.1　说服客户的循环（找到客户存在的疑问）

在选择之前，要想一想你回答客户的问题以及对他们的顾虑进行回应的目的是什么。要注意，你的回答会影响到你的行为以及客户的回应。

很多销售人员的目标是向客户提供信息，以这种方式回答客户提出的问题和顾虑。他们想当然地认为，如果客户不提出问题和顾虑了，那么……他一定就是准备好买了。在你的销售生涯中，事情通常是这样的吗？

客户提出的问题或者顾虑越多，就越不容易做决定。他提出的每一个问题都有可能让话题偏离你那些有说服力的产品卖点。这就是为什么深谙提问策略对销售成功如此重要的原因。一方面，你想通过打消客户的顾虑来帮助客户；另一方面，你还想促使她决定购买你的产品，那你应该如何协调这两种想法呢？办法是，要抱有明确的目标，并且利用恰当的策略，要做到以下两点：

- 找出所有阻碍客户说“行”的问题和顾虑。
- 搞清楚如果你针对客户提出的顾虑做出了回答，并且客户非常满意，那他会马上决定购买吗？

要实现这两个重要目标的关键归根结底在于一个事实：恰恰是因为客户提出了问题或顾虑。所以你不必马上进行回应！你可以问问题，还可以鼓励客户继续说下去，而你保持沉默。不要急急忙忙地回答客户提出的问题和顾虑！

有助于你实现这些目标的另外一个关键在于，你要考虑自己在销售过程的这个阶段扮演什么角色。你是将自己视为一名销售人员，急切地想要从对话中找机会推销吗？还是将自己视为一名顾问，想帮助客户仔细地考虑并最终做出明智的决定？作为一名顾问，你要像之前了解客户需求时一样，想方设法弄清楚客户为什么还在犹豫不决。

要实现上面那些目标，需要采取 5 个步骤。通过这 5 步，你就能让客户做好思想准备听你对他们提出的问题或顾虑进行回应。实施这些步骤的速度可能会非常快。

第一步：倾听

对客户提出的顾虑进行回应的第一步是，抱着理解客户的目的去倾听。有效沟通的要点有很多，其中之一就是该听的时候听，该说的时候说。我们都有两只耳朵，一张嘴。**作为专业销售人员，我们听对方说话的时间应该是我们自己说话时间的两倍**。为了最大限度地从客户说的话里提取信息，要尽力做一个有同理心的倾听者。意思就是，你要把注意力全都集中在客户说的话上，并观察客户说话时的非语言行为。你要寻找细节，进而判断出什么对他最重要。你肯定希望能明白客户提出的问题本质上是在问什么。简言之，他具体关心哪些问题？

很不幸，就讲话和倾听而言，有些销售人员更擅长讲话。你以前有没有和那些看似不听你说话的人聊过天？如果你在和客户交谈时在想别的事，却假装在听客户说话，客户也会有同样的感受。

在本书前文中关于“了解客户需求”的内容中，你已经明白了销售人员如何利用自己的身体形态在非语言上与客户进行交流，比如目光接触、点头、身体前倾或者身体远离客户等。在销售过程中的这个节点，这些策略还要再用一次。**除了利用外在形态来表示你在倾听，也不要打断客户说话！**如果客户正在跟你说购买你们公司的产品或服务有哪些顾虑，那一个神志清醒的销售人员为什么要傻到打断客户呢？如果客户说的话建立在错误的想法、不准确的事实或者对销售陈述信息理解错误的基础上，销售人员经常会忍不住打断客户。由于销售人员经常听到客户如何说话，所以他们觉得自己知道客户接下来会说什么。一定要忍住这种冲动，打断客户会让你们的关系变得疏远，尤其是在他可能马上就要决定购买的时候，更是如此。

让客户把话说完的另外一个原因是，要让客户把积压在心里的情感释放出来。他听了你的销售陈述，现在他要做一个简单的陈述来回应你。给他一个机会表达自己。他把感受表达出来之后会感觉好一些——尤其是如果他觉得你在听他说话，他的感觉会更好。你会越来越明白有哪些因素阻碍他做出购买决定。

注意

在有些情况下，如果客户解释了自己没有决定购买是出于什么原因，那他可能就会自己打消自己的顾虑。他可能会意识到，

> 某一点你已经说过了，只不过是他自己忘了而已。给他这个机会，让他自己解决自己的顾虑吧！

这对你和客户来说是双赢，尽管听他讲自己有哪些顾虑并不是什么让人愉快的事儿。但你要记住，你有很多时间可以纠正他的想法。在销售过程的这个阶段，你的目标就是说服客户。教育客户是说服他采取行动的重要步骤，但如果你把教育客户当成了唯一的目标，结果可能就是你成功地表达出了你的观点，却没有说服他立即采取行动购买你的产品。

在销售过程的这个阶段，可以采用的另外一个策略是提出印证式问题。正如第 7 章中所述，印证式问题可以让客户向你透露更多信息。销售人员在这个阶段不知道该如何应对的情况是：客户在解释他为什么没有采取行动（即没有决定购买）。你应该鼓励客户解释他没有决定购买的原因吗？

你要根据客户所说的内容进行判断。如果客户又向你透露了一些他的顾虑或者又提出了新问题，那就让他继续说。客户越是对你讲他的问题或顾虑，你了解到的信息就越多，进而就越能引导他做决定。通过使用简单的印证式倾听技巧，就能显著提高客户对你透露的信息量，让你明白他为什么还在犹豫。

- “您说……是什么意思？”
- “请您再跟我讲一讲。”

相比之下，如果客户开始反复地讲同样的信息，或者说一些与他做决定无关的话题，你就要问他一些问题，把话题拉回正轨。

第二步：先重述客户的问题和顾虑，然后再回答

倾听之后，接下来就要对客户提出的问题和顾虑进行总结，通过这种方式

确认你理解了客户的意思。**客户不一定会把自己的真实意思说出来**，反正不会清楚地说出来。由于他们在决策过程中的情绪和感受会很复杂，所以更是如此。

随着离会面结束越来越近，时间也就愈发宝贵，这时你最好确保自己真正明白了客户没有立即采取行动的原因。否则，你可能就会把宝贵的时间浪费在解决客户不存在的顾虑上。这时，客户可能就会把注意力集中在你对他的顾虑了解不足这件事上，而不是购买决策本身。

重述客户的顾虑有以下两个明显的优势：

- 可以让客户明白你在倾听。
- 可以让客户听到他自己说过的话。有时候，自己的想法从别人嘴里说出来之后，听着就不是那么言之有理了。

有时候，客户会听你对他提出的问题和顾虑进行简要的总结。

- “为了确保我听明白了您说的问题，您是不是在说……”
- “所以说，您的顾虑是……对吗？”

客户有时候也会纠正你说得不对的地方。这真是个大好的消息！

- 首先，这意味着他在和你的对话中投入了，投入的潜在客户更有可能变成真正的客户。
- 其次，你能更加明确客户没有采取行动的原因是什么。
- 最后，你还能让客户冷静下来，因为他会意识到你终于明白了他的顾虑的本质。

重述客户的顾虑和问题最大的好处在于，你说的话可以在最大程度上弱化客户的负面情绪。单就你总结的内容而言，你表达出的想法与客户的想法是一致的，但你的措辞可以弱化他强烈的负面情绪，并强化他的积极性。这与我们之前说过的一个概念类似：要说你想让客户干什么，不要说你不想让他们干什么。只有这样，你才能用一种更有利于客户做决定的语气把他所说的意思表达出来。

客户：“我不相信你们的产品能（列举了你们产品的优点）……”

销售人员：“您是不确定我们的产品是否能（列举你们产品的优点）……”

客户：“我很生气，这些规定竟然强制我们……”

销售人员：“您不满意这些规定要求您……”

客户：“这个价格太高了。”

销售人员：“您怀疑不是物有所值。”

如果客户一次说了一大堆顾虑，你会如何回应？你是否需要把他提到的每个顾虑都记住，然后逐一解决？可能不需要。如果客户一次对你讲了很多顾虑，这可能只是他的思绪，并不是他之所以没有采取行动的关键因素。有些顾虑说出来之后，客户自己也就忘了。这么多顾虑，客户自己也很难都记住！

在耐心听客户说各个顾虑的过程中，你会逐渐明白哪些顾虑相对来说更加重要。他在说某个顾虑时情绪也许会更激动。如果某个顾虑对客户来说很重要，而你却忘了回应，他可能就会再提一次，对他的决策过程至关重要的顾虑不会简简单单地被忽略掉。你可以通过问问题来确定哪些顾虑对客户来说是最重要的，比如说，“您刚刚提到了几个顾虑，对您来说，最重要的顾虑是不是……我这样认为对不对？”

第三步：找到认同之处

只要可能，就要在一定程度上认同客户的顾虑。举例来讲，你可以赞同客户的感受，而不赞同客户顾虑的内容。比如，客户觉得协议中的某项法规条款会带来很高的成本，属于资金浪费，对此很不满。即使你认为这条法规符合社会大众的最大利益，你也可以附和客户的感受，说这笔额外的支出确实让人很苦恼。

注意

用“我明白”这3个字来回应客户的顾虑时要当心。如果你真的明白潜在客户的意思，这3个字可能会让客户觉得很安慰、很有用。不幸的是，有些销售人员经常习惯性地说出这3个字，即便有时候他们并没有理解客户的意思。有时候，客户还没说完，销售人员就不认真听了，因为他们已经想好了自己接下来要说什么。在这种情况下，“我明白”这3个字真的有一些居高临下的意味，意思是说“别说了！我听明白了，不管你接下来要说什么，其实都是错的。咱们聊一聊吧，我会纠正你的想法。”

你没什么东西能瞒得过客户。如果你没有听他们说话，他们能感觉到。很多客户会觉得你不尊重他们，因为你没有认真听他们说话，而他们在你做销售陈述时却听得非常认真。

相比之下，如果你在某些方面认同客户说的话，这就表示你在倾听，而且这会营造出愉快的氛围，让你们在阻碍他做决定的因素上找到一致的地方。记住，你现在还没开始解决他提出的问题和顾虑，这个环节稍后才会开始。现在，你是在通过倾听客户的顾虑来奠定基调，通过在某些方面认同客户来确认他的真实想法。

“我赞同您说的……”你应该以这神奇的6个字作为开头来对客户的顾虑进行回应！以下是一些例子：

- 顾虑：“我觉得我不需要这个产品。”
- 认同的地方：“我赞同您说的，只应该在对您的公司有帮助的产品上进行投资。”

（你并没有认同客户不需要这个产品的想法。）

- 顾虑：“你们的服务团队给我提供的服务很差。”
- 认同的地方：“我们绝对赞同您的意思，每位尊贵的客户都应该得到优质的服务。”

（你并没有认同你们的服务团队为他提供的服务真的很差。）

- 顾虑：“你们的客户服务代表在电话里对我很凶，很没有礼貌。”
- 认同的地方：“我能理解您的感受。我赞同您说的，我们的工作人员应该始终保持专业的工作态度。”

（你并没有认同你们的客户服务代表在电话上很无礼。）

注意

在与客户会面的过程中，你采取的每一个行动都会带来相应的后果。如果你选择与客户争论他们的顾虑是否有事实依据，那你们就谈不了客户的购买决策。你必须得确定话题的重要性，不然可能就会因小失大。如果你在某些方面赞同客户的顾虑，就相当于在法庭上说“不抗辩”——既不是认罪，也不是说自己清白。你们在这个环节聊的每个话题都可能有两种结果：要么让客户更有可能说“行”，要么降低他说“行”的可能性。相比而言，更好的选择是，始终把注意力集中在能引导客户做决定的话题上。

现在该把你学到的新知识付诸实践了。以上面的例子为指导，写出 3 个你经常听到的潜在客户的顾虑。然后，在每个顾虑下面写出你认同的一个方面，即使你不是完全认同他们所说的顾虑也没关系。

顾虑 1：________________________________

认同之处：________________________________

顾虑 2：________________________________

认同之处：________________________________

顾虑 3：________________________________

认同之处：________________________________

更严格地讲，有一种顾虑不应该认同。在极少的情况下，潜在客户会在诚信方面提出或暗示自己有顾虑。这些客户可能会质疑你本人的诚信或你们公司的诚信。作为一名在一家优质企业供职的正直诚信的销售人员，你应该很少会遇到客户提出这种顾虑。但如果你遇到了，一定要保持冷静，要以专业的方式立即对潜在客户进行反驳。生命中有些东西值得你奋力维护。如果潜在客户蔑视了你的人格，而你面对这种指控却选择默默忍受，他可能就会认为你在一定程度上承认了这种指控。即使他指控的是你们公司，并没有针对你本人，但如果你明知你们公司不诚信，却仍然为其工作，那这对你个人而言又意味着什么呢？

面对客户在诚信方面存在的顾虑，反驳他的一个有效方式是，用客户自己的话。下面是几个例子：

客户：“你们公司的产品一定会出故障。”

销售人员：“我们公司不生产一定会出故障的产品。”

客户：“你们要价过高。”

销售人员：“我们的要价并没有过高。”

这些话是否有效，关键在于你说的方式。要看着客户的眼睛，冷静、坚定地用他自己的话反驳他。不要做别的解释，因为你无法解释诚信这件事。

很多潜在客户就是在撒气而已。大多数时候，一旦他们意识到自己质疑了你的诚信，就会退让。他们可能仍然对产品寿命和定价有问题，但现在对话的主题就从诚信转移到典型的销售问题上了。在有些情况下，你可能还会获得一点点优势，因为潜在客户会由于自己之前在莫名情绪驱使下质疑你的诚信而感到内疚。

如果潜在客户没有退让，那不管怎样，这次销售会面就算结束了。你怎么能和那些认为你或你们公司不诚信的人做生意呢？去找那些相信你和你们公司诚信的潜在客户吧。

第四步：确认客户已经把他们所有的顾虑都说出来了

为什么确认客户是否说出了心中所有的问题和顾虑如此重要？

第一，通过问问题，你就能继续掌控对话的方向和节奏。由于做决定会让人不安，所以很多客户会想尽办法避免做决定。比如，他们会继续问更多问题，通过这种方式远离令人不安的决策时刻。

第二，这会帮助客户整理他的思绪。你刚刚做完了销售陈述，里面有大量的新信息。让客户说出他心中仍存的问题有助于他整理思绪，想清楚要不要按照你的建议采取行动。

第三，一次性确定客户心中的所有问题和顾虑有助于避免出现反复问答的局面。一般销售人员会把客户提出的问题视为客户发出的购买信号——也许是这样。但是，在销售中，问问题的人才掌控着对话。

记住：网站就能回答问题，你的工作是说服客户立即采取行动。因此，你要先收集客户的所有顾虑，然后再做相应的回答。“这是您唯一的顾虑，还是我们还需要再谈一些问题，您才会做决定？请您坦诚地告诉我。”

如果你感觉客户在立即采取行动之前还有其他顾虑需要解决，那就鼓励他多讲一下他的顾虑。“我的工作是确保您的每一个问题都会得到解答。您还有别的顾虑吗？”要继续耐心地问客户还有哪些顾虑，直到你感觉他已经说完了为止。

如果客户仍然不说哪些因素在阻碍他立即采取行动，你会怎么办？有两个策略可以促使客户告诉你他犹豫不决的真正原因。

第一个策略是，快速问一遍你做销售陈述前问的那 4 个试探性问题。

- “您之前说您自己就可以做决定，对吗？”
- “您之前说，如果您愿意的话，今天就可以做决定，对吗？”
- “您之前还说，采购这批产品需要的资金今天就已经到位了，对吗？”
- “最后一个问题，您当时说产品质量是一个重要因素。就我今天向您介绍的产品价值而言，您对购买我们公司的产品还有什么顾虑吗？”

问这些试探性问题的时候，要保持放松。这不是审讯，你是客户的顾问，是在帮他做一个明智的决定。客户回答你的每一个问题时，你都要仔细观察。如果客户看起来对某个方面有不确定的地方，你就要鼓励他说出来。比如，“似乎您还对这笔投资有所顾虑。”

第二个策略是，继续采取这个环节中的第五步，即最后一个步骤。如果客户不愿意采取下一步，那就继续和他谈一谈还有哪些顾虑没有说出来。

第五步：确定客户是否已经准备好采取行动了

在上一步中，你已经确认客户把所有的问题和顾虑都说了出来。这个开头很好，但仅凭这些还不够，因为即使你针对他的顾虑做出了很好的解答，他仍然有可能会说“不”。因此，你在解答他的顾虑之前要做的最后一件事是搞清楚如果你的解答让他非常满意，他接下来会怎么办？

- “如果我充分解答了您的顾虑……那您就可以做决定了吗？”

用你觉得最舒服的方式或者最适合你所在行业的方式来问这个问题。注意，这个“如果……那……”的句式属于试探性收尾问题。你并不是在让他购买，而是在问如果你符合了条件（充分解答了他的顾虑），那他是否可以马上采取行动？客户可能会有点犹豫，但没关系，深呼吸，放松，并且要在客户回答你的问题之前一直保持安静。

这个问题会取得什么效果？你在针对客户的顾虑进行回应之前，就已经使客户确定如果你的解答让他满意，他就会采取行动。

即使他不同意采取行动，你的问题也会让他离最终的决定更近一步，因为通过他的回答，你就能了解到他处于决策过程的哪个阶段。他的回答可以让你有机会重新回到第 4 步，问“您在决定购买之前还有哪些顾虑？”

是否存在这个可能：客户之前说自己已经把所有顾虑都说出来了，结果现在又提出了其他顾虑？有可能。在销售拜访中，什么事都有可能发生。保持职业性，把本章中的 5 个步骤重新走一遍，最后收尾时再问一遍客户，如果你解决了他新提出的顾虑，他是否会做出决定。

你可能会逐渐意识到，客户做任何决定都很困难。或者，客户可能就会开始找理由了，比如“我想考虑一下”或者“我不想这么快就做决定”。不管怎样，你都会把终极问题提出来，这一点会在第 14 章进行论述。

现在，该把你说服客户的技巧付诸实践了——把你最常听客户提到的 3 个顾虑写出来，然后形成你要问的试探性收尾问题“如果……那……”，把这些关键问题写出来并大声练习的价值在于，你在实际销售过程中不会磕磕巴巴。客户时时刻刻都在犹豫，在销售过程中的这个节点，他需要的是确定性。

如果你充满信心地把这些“如果……那……”式的问题说出来，就有助于他意识到阻碍他做决定的原因全在于他自己的顾虑，进而引导他逐步做出决定。下面是一些例子。

- 顾虑：“你们的竞争对手报的价更低。”
- 如果……那……“如果我能证明我们的服务值得您购买，那您会进一步采取行动吗？”
- 顾虑：“我需要的产品交付时间早于你们的交付时间。”
- 如果……那……“如果我说我们能在您要求的时间内交付产品，那您会给我们机会吗？”
- 多个顾虑：“我不知道你们的产品和我们目前供应商的产品有多大区别，而且现在我们太忙了，顾不上更换供应商。”
- 如果……那……“如果我向您证明我们的产品和您目前使用的产品大不相同，而且告诉您多快就可以更换产品，那您是否有可能用我们的产品呢？”

现在，写出你最常听到的3个顾虑，然后写出“如果……那……”式问题。

顾虑1：________________

如果……那……________________

顾虑2：________________

如果……那……________________

顾虑3：________________

如果……那……________________

除了练习，别无他法。你既要在头脑中练习销售陈述中会说的话，也要在口头上练习。要想达到最佳状态，这两种练习都是必要的。理想情况下，要和别人搭伴练习。如果你找不到别人一起练，那就先用手机录音，然后再听。

这 5 个步骤在销售过程中可以灵活运用。如果用得好，客户就会非常认真地听你回答他们的问题，这一点会在第 13 章进行详细阐述。

要点总结

- ◆ **要一直问客户有哪些问题和顾虑在妨碍他做决定，直到客户全说出来为止。**
- ◆ **客户提出问题或顾虑之后，你不必马上就进行回应。**
- ◆ **要始终抱着理解客户的目的来倾听。**
- ◆ **客户不一定会把自己的真实意思说出来。**
- ◆ **如果客户对你或你们公司的诚信存在顾虑，反驳他的有效方式是用客户自己的话来反驳他。**
- ◆ **回答客户的问题之前，要先确定他已经把自己全部的顾虑都说出来了。**
- ◆ **用“如果……那……”式问题来确定客户是否已经准备好购买你的产品了。**

13

回答客户的问题

随着你进入“说服客户的循环”中的下个阶段，如图 13.1 所示，你要把回答客户的问题和顾虑视为一系列简短的销售陈述。

与你之前做的销售陈述相比，这些销售陈述只会占用一点点时间，但两者的目的和方法都是一样的。你是为了让客户立即采取行动并购买而向其提供所需的关键信息。在“说服客户的循环”的外环阶段，你已经做了全面的销售陈述，涵盖了你们公司的历史、可信度以及产品等。现在，你是在根据客户提出的具体问题或顾虑来向他提供零碎的产品信息。

在销售过程中，这一阶段面临的一个重大问题是：你需要向客户提供多

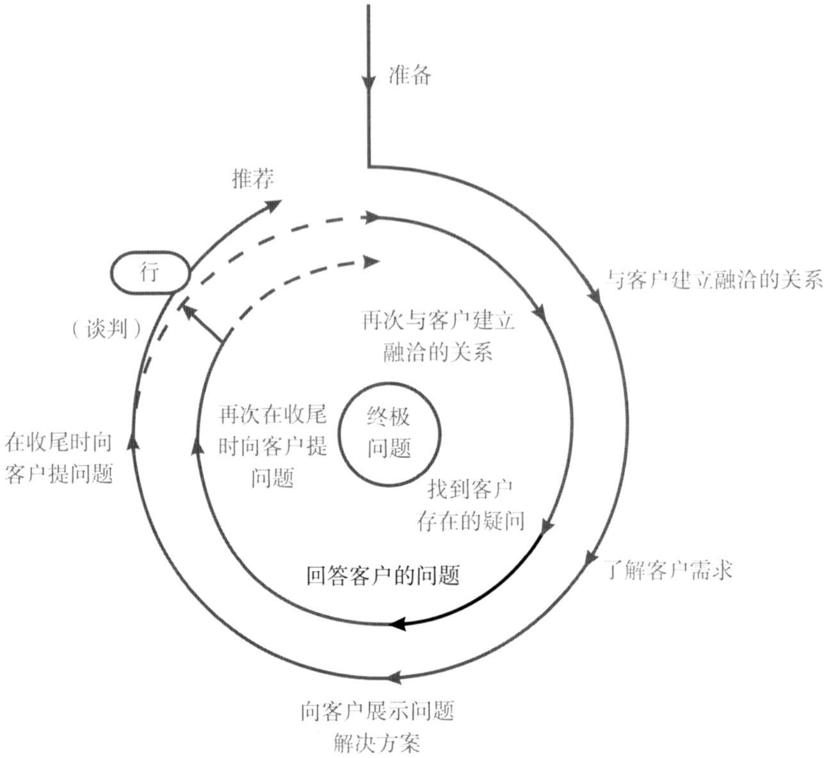

图 13.1 说服客户的循环（回答客户的问题）

少信息？客户做决定需要多少信息，你就提供多少。如果信息过多，可能就会引出很多话题，进而导致客户更不容易做出购买决策。

很不幸，很多销售人员对客户的问题或顾虑做回应时，目的只是回答问题而已，没有在促成成交方面取得任何进展。在这个节点，对客户进行回应的目的是，引导客户再次做决定。因此，回答完客户的问题后，要确认你的回答是否为客户提供了做决定所需的信息。

你可以这样问，“这个回答解决您的问题了吗……太好了。根据这些信息，现在我们是不是可以继续往下看文件了？”或者，“这些新信息是不是更便于您采取下一步行动？”

对客户的问题和顾虑进行回应时，在最后提出试探性收尾问题可以实现以下 3 个目标。

（1）可以确保你完全解决了客户的问题和顾虑

即使你觉得你对客户顾虑的解答非常好，那也不要想当然地认为，这个解答就能完全解决客户的问题。可能他没听清你说什么，也可能他当时在想别的事，还可能他觉得你的解答一点都没有解决他的顾虑。你无法知道自己是否已经实现了这个目标，除非你直接和他确认你的回应有什么价值。由于他的认可是进入下一个决策时刻的关键因素，所以值得花时间确认一下。

（2）可以让你们自然地过渡到下一个决策时刻

如果客户确认你已经完全解决了他的问题和顾虑，就相当于为你扫清了障碍，可以顺利地请他立即采取行动——实际上是请他决定购买你的产品。

（3）有助于你集中精力解决重要问题

试探性收尾问题可以让你把精力集中在引导客户再次做决定这件事上，避免陷入观望型销售情境中。

如果客户提出了多个问题和顾虑，你会怎么办？每解答完一个问题或顾虑，都要和客户确认你的回答是否让他满意，但不要在回答完之后就让客户做决定，除非你已经把客户的所有顾虑都打消了。如果略去你的回答，对话可能是这样的。

您刚刚提到了几个重要的顾虑，我们来逐一解决一下。关于……（给出你的回答。）我这么说解决您在这方面的顾虑了吗？（解决了。）太好了，您刚刚对……也有疑问……（给出你的回答。）这样回答解决您的问题了吗？（解决了。）

这种对话会一直进行下去，直到你解决了客户的最后一个顾虑为止——

“我们把您提到的所有问题都已经解决了。我们在进行下一步之前还需要聊聊您别的顾虑吗？（没别的顾虑了。）好。下一步是……”

现在你可以引导客户进入下一个决策时刻了，这一点会在第 14 章进行详细阐述。

解答客户顾虑和问题过程中的几个提示

（1）不要觉得客户提出的问题和顾虑是针对你个人的

很多客户在决定是否购买时都会犹豫。这并不是在怀疑你的销售能力，可能他们只是不擅长做决定而已。明白这一点并进行恰当的处理可以让你盈利颇丰。

（2）不要贬损你的竞争对手

如果对你来说，拔高自己的唯一途径就是贬低别人，那你可能就入错行了。表现得职业一点始终比贬低竞争对手更有说服力。如果你只是正常地担心潜在客户与另外一家公司做生意存在风险因素，那就鼓励客户彻底查一查那家公司的情况，然后就到此为止。

（3）要抱着感谢的态度对待客户提出的问题和顾虑

与客户“缄口不言，让你猜如何才能最有效地说服他购买你的产品”相比，客户把阻碍他说“行”的原因告诉你显然更好，即便有时候这些原因并不讨人喜欢。

（4）不要对客户说他们错了或者他们不懂

客户：“我知道这个产品在 110 伏和 220 伏的电压下都能用，对吧？”

不要说：不对。在 220 伏的电压下不能用。”

而要说：“这个产品本来只能在110伏的电压下使用，但我们有电源适配器，可以让产品在220伏的电压下使用。”

从这个例子中，很明显就能看出第一种回应客户的说法不对，是吧？不幸的是，还有一种指出客户错误的方式没有这么明显，而销售人员经常会不知不觉地这么做。这种句型最常出现在销售过程的这个阶段，你一眼就能认出来这个句型——“是……但是……”

开头说得特别好。“是……”表示认同，你想让客户说的就是这个字。然后，“但是”就带来麻烦了。这种句型的破坏力在于“但是”这个词上，可以把之前说的所有内容都抹杀掉。

举例来说，假设有人对你说，“这双鞋很好看，但是和你的体型不搭。”“但是”这个词抹杀了对鞋子的赞美，而且指出你不该穿这双鞋。你喜欢让别人说你做得不对吗？肯定不喜欢。客户也不喜欢。“是的……但是……”比直接告诉对方他错了更委婉一点，但意思是一样的——“你错了。”

在上例中，“是……但是……”这个句型会很容易理解。在销售中，不经意间使用这个句型的情境通常是：客户说完一句话，销售人员就接着话茬说“是的，但是……”客户说：“我觉得最好再等等，等我有了足够的现金之后再买你们的产品。”销售人员回应道：“是，但如果您现在就买的话，就能更快地降低日常开支了。”销售人员说的“但是”否定了客户说的话，间接地表示出，“等到有足够的现金时再买”的想法是错的。

“是……但是……”会让客户不高兴，就相当于在你们之间竖起了一堵墙。没人喜欢让别人说自己错了，不管是直接说还是委婉地说。相反，要利用客户的问题和顾虑来架起认同对方的桥梁。如果你用“另外”来代替“但是”，客户的回应就会好很多。这样你就能以更令人愉悦的方式扭转你们对话的方向，更快地把客户引导到决策时刻。

（5）不要把你做不了或者不知道的事告诉客户

你要告诉客户你能做什么。

- **客户**：“你能把保修期延长一年吗？”
- **不要说**：“不好意思，保修期延长不了。”
- **而要说**：“如果您第一次下单时用现金支付，我就能为您把保修期延长6个月。”

（6）不要回答你不知道的问题

如果你不知道怎么回答某个问题，那就要让客户知道你会在搞清楚之后再回答他。客户不会指望你能回答出所有的难题。

客户：“如果那个月有30天，而且恰好在第2个周五有一场厄尔尼诺暴风雨，那怎么办？”

销售人员：“这个问题很好，我从来没听人问过。我回头确定一下，然后尽快给您答复。”

（7）不要和客户争论，也不要表现出怒气

如果你们的对话没什么进展，那就问终极问题，这在第14章会提到。

到现在为止，你已经对客户的问题和顾虑做出了回应。你又为他们提供了做出购买决定所需的信息，从而引导他们到了新的决策时刻。那接下来做什么？你在“说服客户的循环”的外环过程结束时做了什么，现在就还做什么。你要再次请他们采取行动。

要点总结

- **你对客户问题和顾虑的回应实际上属于简短的销售陈述。**
- **试探性收尾问题能让你确定是否完全解决了客户的疑问和顾虑。**
- **永远不要贬损你的竞争对手。**
- **不要对客户说他们错了，也不要说他们不懂。**
- **不要和客户争论。**

14

提出成交要求的关键时刻

我们又到了这个节点，即客户已经掌握了做出明智决定所需的所有信息。此时，你也已经了解到了在“说服客户的外循环”中没有满足的客户需求。你对客户的所有疑问都做出了让客户可以接受的回答。而且，你也提到了这次销售涉及的所有资金方面的问题。参照“说服客户的循环”，如图14.1所示，现在该采取“内循环”中最后同时也是最重要的一步了。

不管什么时候，只要你解答完了客户的疑问和顾虑，最后都要请客户立即采取行动。对大多数销售人员来说，这就相当于提出成交请求。对于

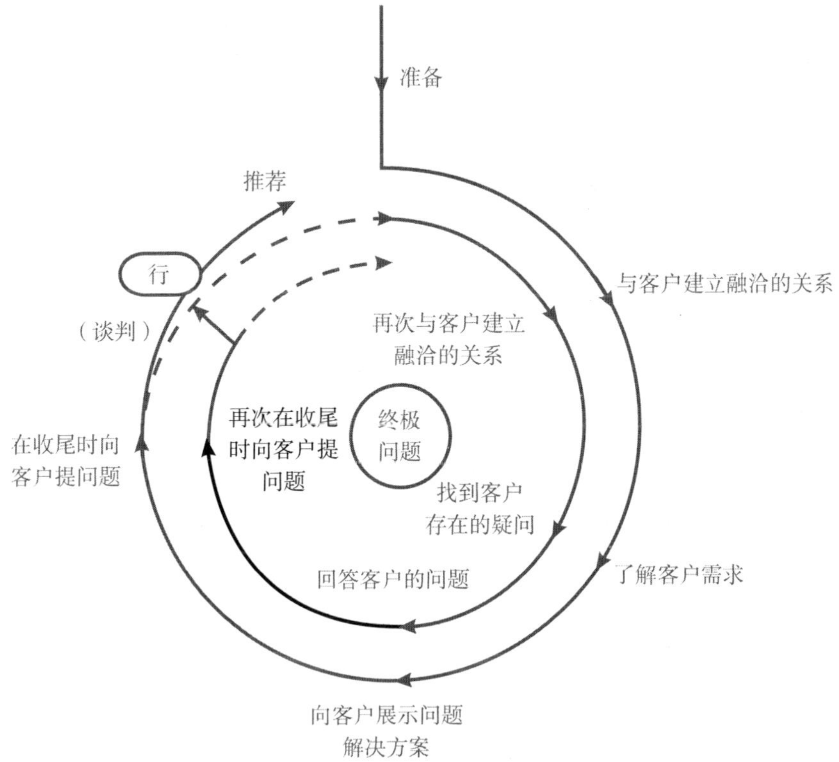

图 14.1　说服客户的循环（再次在收尾时向客户提问题）

那些需要经过很多步才能成交的销售人员来说，这就相当于请求客户进行下一步。

正如第 10 章中所述，永远不要假设客户会主动采取行动。一旦你解决了客户的所有疑问和顾虑，就必须得明确、直接地请求客户采取你期望的行动。这正是你再次在销售过程中掌控节奏的时机。

直接提出成交请求可以实现以下几个目标：

（1）可以帮助客户准确地意识到他处于决策过程中的哪个阶段

作为一名专业销售人员，你知道现在客户掌握了做出明智决定所需的所有信息，但不要奢望客户自己也知道这一点。你必须得积极地帮助客户意识到他现在正处于决策时刻。记住 3 种基本的销售活动：做陈述、问问题、保持沉默。提出收尾问题后保持沉默，可以非常明确地让客户意识到他现在需要做决定了。

（2）有助于你继续掌控你们的对话

如果某个决定涉及了钱，客户做这种决定的时候通常都会觉得不舒服。这种自然而然产生的情感可能会让他们不愿做出需要花钱或者花时间的决定。因此，如果你不始终掌控对话，并且让客户把精力集中在销售过程的下一步上，他们可能就会拖延，问很多问题或者转移话题，目的就是避免做决定。

在这儿你说了算！就像为病人看病的医生一样，治疗过程由你来定。根据病人的症状，你要对症下药。在销售拜访中，这个对症下药的过程在一定程度上就是让客户明白你的产品或服务可以消除他所面临的问题。到了决策时刻后，你的收尾问题就相当于让他接受你的诊断结果和相应的治疗方案。你的沉默会给他留出做决定的时间。

在请客户采取行动时，你用的词要让客户在头脑中浮现出你想让他们做的事，而不是你不想让他们做的事。无论你说什么，客户都会在头脑里想一遍才能理解你的意思。因此，要确保你的收尾问题用的词都是在暗示客户购买你的产品或服务，比如：

往前更进一步	购买决策
采取下一步	购买
参与 / 投入	满意
立即采取行动	得到您的同意
作为我的客户	安排培训
您的产品保修范围	安排配送

你在平时练习最后的行动呼吁措辞时，要用上这个词汇表，把这些词都放进你的销售说辞里去。

在这些关键性的决策时刻，很多销售人员自己都会非常不自在，因为他们觉得自己在向客户施压或者太咄咄逼人了。他们宁肯让自己不舒服，也不愿意看着客户为了做决定而不舒服。但你必须要克服这种想法，因为这正是必须要发生的事，你的工作就是把客户引导到决策时刻。有些客户做决定时很快，也很冷静。而有些客户在做决定时就像上面说的一样纠结。但这两种类型的客户都需要得到你的产品和服务的好处。

不管客户在做购买决策时会怎么样，你作为一名专业销售人员，责任始终是引导他们完成决策过程。决策过程对他们来说越艰难，你作为一名专业销售人员为他们提供的服务就越好。你是在帮他们寻找难题的解决方案，同时也是在帮他们理顺为什么需要你的产品或服务。

因此，在这种决策气氛越来越浓的时候，舒畅地深呼吸一下，保持愉悦的表情，然后保持沉默。让沉默发挥应有的作用吧。

一旦客户做了决定，原本纠结的他们会非常感谢你帮助他们完成了决策过程。作为一个正直的人，并且推销的是优质的产品和服务，你会成为他们在你们行业中最信任的业务顾问之一。客户越是难以决定购买你的产品，但当你很好地满足了他们的需求时，他们的忠诚度也就越高。当你保持沉默并让客户做决定时，要记住这一点。

你有没有发现，与“做陈述，回答一大堆问题，然后等着客户接下来做什么”相比，“说服客户的循环”中的内循环过程更有意思，而且给你带来的利润更大？这就是为什么顶级销售人员觉得销售有趣、好玩、又有钱赚的原因。为了提高客户说“行”的可能性，他们在整个销售过程中都采取了必要的行动。

客户是不是还需要一点鼓励

有时你解决了客户的所有疑问和顾虑，提出了请客户做决定的请求，然后也保持了沉默……客户却仍然没有立即采取行动，那你怎么办？客户没让你走，但也没在你的销售协议上签字。接下来怎么办？

如果你觉得自己已经为客户提供了他们做出明智决定所需的所有信息而且没什么需要再谈的了，那就该问终极问题了，如图 14.2 所示。针对那些你知道会从你的产品中获益却不肯承诺购买的客户而言，终极问题可以让你和他们不再毫无进展地兜圈子。

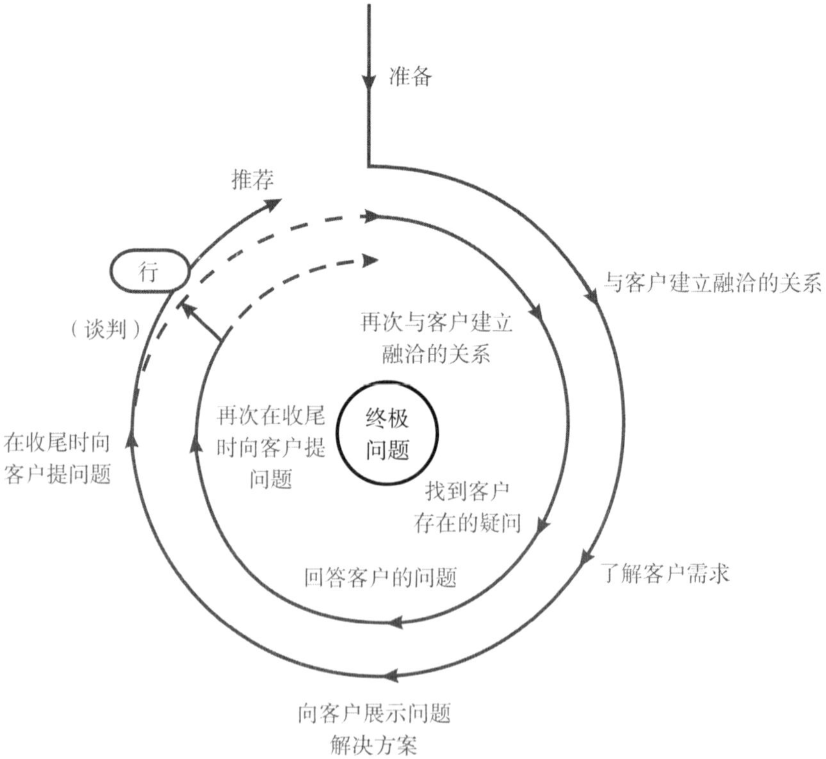

图 14.2　说服客户的循环（终极问题）

什么终极问题可以让按兵不动的客户转而立即采取行动？可能是这样的：“还需要什么才能让您今天就迈出下一步？”或者“我看您非常喜欢这个产品，我还能做什么才能让您今天就开始享受这个产品的种种好处呢？”用你自己的话来表达，但要准备好之后再问。不然，你和客户可能就会围绕着同一个主题无休止地说下去，没准儿说完的时候蜘蛛网都织好了。

在终极问题中，最重要的一个词就是今天。今天需要做什么事才能让客户说“行”？是今天，而不是下周，也不是他们觉得更容易做出购买决定的某个时间。

和问别的收尾问题时一样，问完终极问题之后要保持沉默。这时候谁先开口说话，这产品就是谁的。如果你先开口，产品很可能就会继续留在你手里，或者留在你们公司的库房里。但是，如果客户先开口，他要么会买你的产品，要么会告诉你他为什么还没准备好买你的产品。不管是哪一种，你都仍然有希望把产品卖出去。

终极问题属于开放式问题，需要客户发挥他的想象力，让他自己想明白自己为什么需要对你说“行”。很多时候，客户的答案会给你带来意外的惊喜。

- “我能用公司的信用卡支付。”
- “如果我给老板打个电话，她可能会同意。”
- “如果能允许我在30天之内把款付完，那我今天就先付一半的定金。”
- “也许采购经理会批准。”
- “如果你能在一月份把发票开出来，我就能把这笔款项放进明年的预算里。”

如果客户不同意你提出的方法或者他又提出了新的顾虑，那就再问一遍终极问题。终极问题的中心意思是：“你很喜欢产品的这些特性，而且想利用产品的这些优点。那为什么还不马上采取行动呢？”但说的时候不要这么直白。要仔细斟酌你的终极问题，用你自己的话来揣摩，但一定要准备好再问。

你已经把时间和精力都投入到了与客户的会面当中，也为了让客户做出明智的选择而问了所有必要的问题，进行了必要的陈述。现在你要通过开放式问题给客户最后一个机会，让他以最快的速度想好如何在今天购买你的产品。准备终极问题时，要像准备销售陈述时那样投入大量精力，这样客户说“行”的次数就会更多。

至少终极问题会为你创造一个与客户协商的机会，这种情况时有发生。客户还可能会以“如果……”式的问题来回答你的终极问题，比如：

- “如果我不订 2 套，订 3 套怎么样？单价能不能便宜点？”
- “如果我们需要分期付款呢？”

如果客户不是回答“我实在想不出什么办法可以下订单”，那你就放心吧，销售过程还不算结束。这只不过是迂回了一下，进入了协商过程，接下来的两章会针对这一点进行详述。

如果“不”的意思真的是“不”

如果你把所有方法都用过了，但客户仍然没有承诺要买你的产品，那你该如何收场？这时候，首先要确保做以下这几件事，如果仍然没有效果，再走也不迟。

（1）做简明扼要的说明

- 客户的愿望 / 面临的问题。
- 你们公司的解决方案。
- 客户说的不采取行动（不买）的原因。

- 不采取行动的后果。

（2）最后再问一次终极问题

此时你的目标应该是，掌握比客户说“不”的方式更多的引导其购买的方式。“我们需要做什么才能让您今天就能使用我们的解决方案呢？”客户每隔一段时间就会觉得销售过程要结束了，然后他就会重新考虑要不要购买你们公司的解决方案。有些时候，只要你再多问一次，就能让客户拿定主意。

（3）向客户保证，即使他今天不买，你也随时都准备着为他服务

你和客户已经谈到了目前这个地步。在销售拜访期间，你比客户的其他供应商了解到了更多关于这位客户的信息。不要让已经取得的成绩功亏一篑，要让客户明白，如果将来有一天他想解决自己面临的难题，你一定会作为他的顾问为他提供建议。

（4）内心深处要明白自己已经尽了全力

只要你完全按照“说服客户的循环”采取了所有步骤，你一定会对自己在和客户沟通的过程中所表现出的专业性很满意。如果客户无法当天就做出购买决策，那就安排下次和客户见面的时间。如果客户不同意再见面，那就请他允许你稍后给他打个电话。即使客户的反应模棱两可，那现在也是让他对你们之间的后续联系做到心中有数的最好时机。要留有余地，也许他将来会改变主意，或者说他所处的环境会发生变化呢。与此同时，你也要注意把时间花在那些现在就能买你们产品的客户身上。

在所有的销售情境中，你都要充满信心：

- 如果客户有疑问，那就用产品信息来解答他们的疑问。
- 如果客户有误解，那就搞清楚他为什么误解，然后澄清相关信息。
- 如果客户烦躁不安，那就以礼貌委婉的方式弄明白客户为什么不安。

- 如果客户质疑你们公司的诚信，那就冷静地用他的措辞来反驳他。
- 如果客户犹豫不决，那就创造条件，让他更易于采取下一步行动。
- 如果客户在拖延，那就向他解释一下推迟和观望的坏处。
- 如果你不知道该怎么回答客户的问题，那就约个时间，到时再为客户提供最好的答复。

鉴于你目前正在学习如何说服客户，所以必须要有信心，坚信自己很快就会又拿到新订单。卖不出去只是暂时的。实际上，尽管有时候产品会卖不出去，但你很可能会从中得到一些非常重要的经验和教训，而这些经验和教训可以在你以后的销售生涯中派上用场。

在以下两个销售情境中，有些例子展示了如何利用“说服客户的循环”中内循环的 4 个步骤。

情境 1　商务场合的销售拜访

凯特做完了销售陈述，然后请史蒂文斯先生采取行动。史蒂文斯先生考虑了一会儿说：“我们现在正处于业务旺季，我不知道现在适不适合换供应商。目前的供应商提供的服务确实靠不住，但价格还可以。”

凯特在等着史蒂文斯先生把顾虑说完。“很高兴您提了这两个重要的顾虑。您看我理解的对不对，您担心业务旺季期间对 ×× 产品进行更新换代不好，对吗？”她的措辞与史蒂文斯先生当前的感受很相符。

“对。我们其中一个团队的成员在接下来的这几个月都会忙一个长期项目；另外一个团队的成员由于客户有意外需求，现在出差了。”

然后，凯特用自己的话重述了一遍史蒂文斯先生在价格以及现有设备运转方面委婉表达出的顾虑。“您对我们公司和您目前的供应商在服务价值方面的差别有疑问，对吗？”

“我可不是这个意思，”史蒂文斯先生笑着说。他想让气氛轻松一点，继续顾左右而言他，不进入决策时刻。

凯特意识到他的幽默后笑了笑，然后继续说：“迪恩，我一会儿就回答你刚刚那两个疑虑。在你准备对 ×× 产品更新换代之前，咱们还需要解决其他问题吗？”

“没了。”

凯特听到“没了”并没有觉得兴奋，史蒂文斯先生现在还有两个疑虑，所以她决定继续说下去。“我们当然都觉得，最终的决定要有利于目前的业务，这一点很重要。而且，我们也都觉得资金是贵公司在投资时的重要考虑因素。那么，如果我能解决你这两点顾虑，而且让你非常满意，那你今天能不能决定换掉目前使用的那些靠不住的 ×× 产品？”

“这个假设有点大。”他开玩笑地说，暗示他这两点顾虑很难解决。

“我明白。如果我能解决，那你就可以进行下一步了，对吗？”

史蒂文斯先生耸耸肩说：“当然。”

“那太好了。”凯特拿起她的平板电脑，打开了一个页面，开始讲解她们公司有在线培训方案以及 24 小时全天候客服热线。“正在外面出差的那个团队可以随时随地在网上得到我们的售后支持，这样你是不是就不那么担心你的团队在旺季无法迅速熟悉新产品了？”

史蒂文斯先生琢磨了一下凯特的话。“我们员工的独立工作能力非常强，能很快解决工作中遇到的难题。所以，如果他们能了解到相关信息，就能很快适应新产品与现有产品的差异。”

“你是不是也觉得，如果你的团队有需要，我们公司就能很快为他们提供支持？”

“当然。”

史蒂文斯先生看似若无其事的认同，让凯特更加确信他在这个方面对她们公司很信任。“当然，这就像房间里的一头大象。”凯特说道。正如凯特所愿，史蒂文斯先生听到后哈哈大笑。“咱们刚刚谈到了我们公司产品和服务的质量，那你真觉得当地的公司也能提供同样优质的服务吗？”

“呃，我很喜欢你们公司的声誉，但是……”史蒂文斯先生礼貌性地回避着这个问题。

凯特问这个问题的目的在于让史蒂文斯先生对他目前的供应商产生疑虑，并不是想听到多么具体的回答。她能讲出很多非常有价值的产品特性，但她想做的第一件事是激励史蒂文斯先生选择一家靠产品价值取胜的公司，放弃靠低价取胜的公司。“有些竞争对手的成本确实比较低，但我们在很多方面都能为你提供他们无法提供的价值。你的办公室里还有当时 ×× 产品的协议吗？”

“有。”他警惕地答道。

“你能再看一下那份协议吗？”凯特很快补充道，“我都没有必要看，对 ×× 产品协议的每条条款都特别熟。”

她确实对所有条款都特别熟悉。就在史蒂文斯先生让助理把目前供应商的协议拿过来的同时，凯特回忆起她之前花了那么多时间来看所有竞争对手的书面协议。她之前就发现了这些低价公司为了节省成本而在协议中附加的各种细则条款。实际上，在她车里的文件夹里，就有一份这家公司的产品销售协议。

史蒂文斯先生的助理把协议拿过来后，凯特继续说道，“看一下第 2 页。应该在倒数第 3 段或者第 4 段，保险条款部分。你应该想看看里面的内容吧。”

30 秒之后，史蒂文斯先生打破了沉默。“什么？！这怎么能算附加险呢？如果他们的产品出了问题，肯定会追究他们的责任啊。什么样的公司会指望自己造成问题之后不承担责任啊？我们为什么要签……”他直接翻到最后一页看了看协议签订日期，然后变回了正常音量。“哦，我想起来了。我们当时在加拿大市场正面临丢掉一个大客户的危险，所以当时签协议的时候，我正在国外呢。当时我让业务经理负责的这件事。我后来回国之后可能也没仔细看这份协议。”他把协议放在了桌上。“呃，幸亏知道了这个细节。你们公司的合同里没有这样的条款吧？”

凯特直视着他的眼睛说：“我们认为，如果我们造成了什么状况，那我们就应该负责任。如果问题是由你这边造成的，那你这边就应该负责。”

史蒂文斯先生点点头。“我也是这么想的。”

凯特觉得自己这么做效果非常好。史蒂文斯先生了解到了双方的保险责任，所以凯特觉得现在该再进行一次收尾了。“您刚刚又了解到了一些信息，解决了您的两个顾虑。那咱们今天是不是可以进行下一步了？”

“可以。”

“太好了。”凯特笑着说，“咱们先看看文件吧。”

史蒂文斯先生皱着眉头看着天花板说：“如果我不止买一套，能享受哪种折扣优惠？”

他提出的这个谈判要求并不是凯特希望看到的，但她对此还是很欢迎，因为她知道这离对方最终说“行”又近了一步……

情境 2　家庭场合的销售拜访

鲍勃正在利用文件作为收尾，让帕特和加里进入决策时刻。加里犹豫了一下，然后帕特问了一个问题：“我不知道 ×× 产品对我有什么用，我不太了解这种东西。如果加里有其他事怎么办？”

决策时刻就这样结束了，而鲍勃随即转到了内循环过程的第一步。“非常高兴您能问这个问题。我本来想在陈述过程中更详细地解释这个问题的。”

帕特觉得承认自己对 ×× 产品不太了解有些不好意思，但当鲍勃说她提出的这个问题非常重要时，帕特明显放松了下来。

鲍勃接着重述了一遍帕特的问题，为的是确保自己没有理解错。“您刚刚是问，如果加里有其他事，您怎么才能从 ×× 产品中受益，是吗？”

“是。”帕特回答。

在回答您这个问题之前，我想问您，在您决定购买 ×× 产品之前还有其他顾虑或者问题需要解决吗？

帕特似乎没有别的问题了。鲍勃看着加里，等着看他怎么回答。加里在椅子上稍微挪动了一下说：“我不知道现在的时机对不对。”

为了确认自己理解得没错，鲍勃重述了一遍加里的话。“您是不确定现在买好还是以后买好，对吗？”

“我觉得是。”

“时机是一个非常重要的考虑因素，我们来具体说一下。您二位在进行下一步之前还有其他问题或者顾虑需要解决吗？”

帕特和加里耸了耸肩表示没有。

“好的，”鲍勃继续说道。“所以说，如果我既解决了帕特针对如何使用这个产品的问题，又解决了加里那个采取行动的最佳时机的问题，您二位是不是今天就可以采取下一步行动？”

“可能吧。”帕特轻声说，加里没有说话。

鲍勃一眼就看出了加里还在犹豫，于是又问了一遍，想得到肯定回答。“加里？”

“我不知道……”加里仍旧摇着头轻声说。“别误会，我喜欢你的产品。只是……”

“只是什么，亲爱的？”帕特问。

“呃，是因为黛安娜今年夏天的行程。而且，我最早在 3 月份才能忙起来。”

“我们的女儿今年夏天会参加她们大学组织的一个国际交流项目，要去欧洲，”帕特解释道。“她们想在这个月底就付清项目的所有费用。”

“夏天去欧洲听着就很棒。”鲍勃用了一个听觉类词汇。

“价格听着也很棒，”加里回应。“6 600 美元，再加上往返机票，都得在这个月付清。”

“很高兴您能把这个原因告诉我。”鲍勃确实非常高兴，因为他终于知道加里为什么犹豫了。“所以，戴安娜参加这个项目所需的费用这个月就要付清，您是在担心现金流问题，对吧？”

加里点了点头。

“我非常认同您规划现金流这件事。这是您唯一的顾虑吗，还是仍然需要解决一些别的问题，然后您才会进行下一步？”

加里看着帕特说：“我觉得这就是唯一的顾虑了。对我们来说，淡季收入不充足的时候，必须要谨慎一些。”

“太好了。那么，如果我能妥善地解决您在淡季现金流方面的顾虑，那您今天会进行下一步吗？”

加里点了点头，但鲍勃认为加里的这个反应表示他还没有完全决定要买。鲍勃对加里的反应并不满意，于是决定紧逼一步，想让加里在语言上做出回应。如果加里不承认这是阻碍他立即采取行动的唯一顾虑，那即使解决了他这个顾虑，也无法进入下一个收尾时刻。鲍勃笑了笑，他马上就要利用自己在销售陈述过程中与对方建立起来的融洽关系了，开始打关系牌。“加里，”他用一种理解对方的声音开口说道，“除了现金流之外，咱们还需要解决别的顾虑吗？”

“没了。”加里说，这次语气更加坚决。

“我明白，现金流对您二位来说都是一个非常重要的顾虑，”鲍勃说。鲍勃在这句话里有意提到了帕特，目的是为了不把注意力都放在加里身上。“那如果我妥善地解决了您二位在现金流方面的顾虑，那您二位今天会进行下一步吗？”

鲍勃仍然保持着愉快的表情，而且继续和加里的坐姿保持着匹配的状态。决策时，空气里都是焦虑的味道，而且从加里脸上就能明显地看出来。帕特再一次把目光投向了加里。

“会。”加里简明扼要地说。

“我有几个办法，您二位可能会觉得非常好。”鲍勃的声音都反映出了激动的心情。他从厨房桌子上拿起了“××房地产公司”的宣传册，与此同时，本来放在宣传册下面的书面协议又一次完全显露了出来。鲍勃打开宣传册，翻到了展示“××房地产公司”服务中心的那页，上面显示着训练有素的工作人员在客户使用产品的每个步骤都在提供指导。加里打开了手机的扬声器，拨通了服务中心的电话。一位女客服接了电话，声音很友好，加里让帕特和客户沟通。服务中心的专业人员花了一分钟时间，简要介绍了一下服务中心是如何帮助客户快速掌握产品使用方法的。然后，加里挂掉了电话。帕特脸上明媚的笑容就说明了她的态度。“服务太好了，谢谢你！”帕特热情地说。

鲍勃看到自己解决了帕特的顾虑，觉得很满意，然后把头转向了加里。他用几分钟的时间详细介绍了公司的款项支付方案。加里对鲍勃提出的贷款建议表示反对后，鲍勃又提出了另外一个选择：现在先付1/3的定金，3月份收到产品后再付1/3，收到产品30日后支付尾款。加里似乎可以接受这个选择。于是，鲍勃认为再次收尾的时间到了。“这个方案解决了您在旺季之前的现金流问题吗？”

“这个办法确实缓解了这个问题。”加里说，同时看了一眼帕特。

“那我们现在谈的就是第一期的1/3资金了。”鲍勃一边总结目前的情况，一边拿起了桌子上的书面协议。他翻到协议的最后一页，在“条款”部分的空白方框里开始写了起来。“先付1/3作为定金，收到产品后再付 1/3，收到产品 30 日后支付剩下的 1/3。”

鲍勃用眼睛的余光可以看到加里和帕特正在默默地用眼神交流。他盯着协议又看了几秒，为的是让他们俩有更多时间可以交流。抬起头来之后，鲍勃就进入了收尾阶段的最后一个环节。“如果您二位没问题的话，咱们把剩下的信息都写到文件上吧。”

3 人就这样安静了几秒。鲍勃很放松，也没打算在他们俩说话之前先开口。帕特开始坐立不安了，而加里还是稳稳坐着没动，看着协议上写的每次付款的日期。最后，加里摇了摇头。“付款日期离得太近了。每次付款能不能留出 60 天时间？ 30 天时间太短了。”

鲍勃在心里笑出了声，因为加里提出的要求让他们离决策时刻又近了一步……

要点总结

- **如果你想让客户做某件事，就必须清楚、直接地告诉他。**
- **请客户采取行动时，你用的措辞要让客户对你想让他做的事形成正面的心理暗示。**
- **在放弃之前要问终极问题，这一点无论何时都至关重要。**
- **终极问题可以让你有机会与客户进行协商。**
- **如果客户无法当天就做出购买决策，那就安排下次和客户见面的时间。**

15

准备好回应客户的谈判要求

谈判在销售中是非常重要的内容，如图 15.1 所示，然而谈判却经常被忽视。因此，销售人员有时候明明已经进入了和客户谈判的阶段，自己却意识不到。客户会提出谈判要求，而销售人员仍然在想着解决客户的顾虑——把谈判要求误认为是客户的顾虑。

尽管这两者很多时候听起来差不多，但有着根本的区别。

如果客户提出了异议或者顾虑，他们的实际意思是，如果你不妥善地解决他们的顾虑，他们就不会和你进行业务往来。**而如果客户提出了谈判要求，**

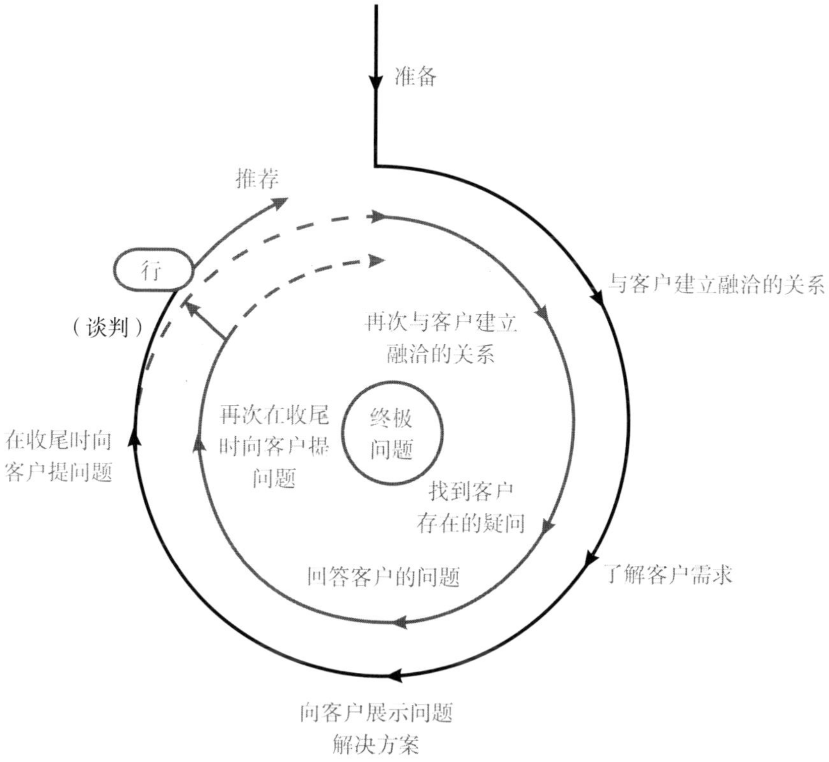

图 15.1　说服客户的循环（谈判）

那他们的实际意思就是，他们想和你进行业务往来，但条件需要改一改。

多数情况下，客户提出的谈判要求都与价格、价值或者时间有关，比如：

- 他们想用更低的价格购买你的产品或服务。
- 他们想在你提出的价格基础上得到更多价值。
- 他们对时间有要求：第二天就收货，在某个日期前完工，在几小时内完工，或者分期付款。

在销售会见的任何阶段，客户都有可能提出谈判要求。客户经常会在你最意想不到的时候提出谈判要求。比如你们本来正在谈某件事，突然客户就会针对完全不相干的另外一件事提出谈判要求。

客户：“能把样本模型免费附赠给我吗？”

销售人员：“您是说我现在给您看的这个 2 500 美元的样本模型？”

客户：“对。这不是用过的吗，对吧？”

实际上，客户还会问：

- “能再免费赠给我一个月的在线支持服务吗？”
- “能免费给我把保修期延长一年吗？”
- “能不能现在先付一半的定金，收到货之后再付剩下的那半？”

其实上面这些话都省略了前半句——“如果我买的话……”如果把省略的这半句话加上，再考虑上面的这些话会对你产生什么影响。

- “如果我买的话，能再免费赠给我一个月的在线支持服务吗？”
- “如果我买你的产品，能免费给我把保修期延长一年吗？”
- “如果我能筹措出资金买你的产品，能不能现在先付一半的定金，收到货之后再付剩下的那半？”

在销售陈述过程中，头脑中要始终想着“如果我买”这句话。如果这句话放在客户提出的问题前面非常契合，那就意味着客户提出了谈判要求。

现在，比较一下上面那些谈判要求与下面这些客户顾虑的不同：

- “这个成本太高了。”
- “我得想想。”
- “我们对目前的供应商很满意。”

客户的这些想法意味着，他们还没有针对是否进行投资、是否需要立即采取行动或者你们产品的价值高低等事项与你达成一致。这与客户询问销售条件这件事大不相同。

因此，谈判的第一步就是识别出客户何时提出谈判要求。

谈判要求是客户提出的收尾问题！有时候，客户的谈判要求就相当于直接收尾：

- “能附赠一套产品吗？”
- “价格能降 10% 吗？”

有时候，客户的谈判要求就相当于试探性收尾：

- “如果我今天买的话，能赠送一套产品吗？”
- “如果我一次买好几套，价格能降 10% 吗？”

如前所述，客户经常会省略开头的那半句话——“如果我买的话”。必须要仔细听，抓住他们释放的微妙信号。客户正尝试着成交这笔生意呢！没错，你们必须得在麻烦的销售条件方面达成一致意见才行，但这难道不比费尽力气让一个皱着眉头嫌你的产品太贵的客户动心更让人愉快、更有利可图吗？有些销售人员非常厌恶客户提出谈判要求，尤其是在销售拜访快要结束时提出。他们尤为厌恶正当客户积极回应并且似乎马上就能成交的时候提出谈判要求。然后，客户提出的要求更多了：

- “能给我按照批量折扣打 9 折吗？”
- “能附赠我一套产品吗？”
- “能在上午 7 点前交付产品吗？”

不要怕！谈判要求实际上就是很好的购买信号！客户提出谈判要求就意味着，他们正在考虑购买的可能性以及正在争取满意的条件。你已经成功地让客户摆脱了犹豫不决的状态，尽管你还得做一些工作才能拿下订单，但现在形势已经大大好转到对你有利的地步了。

事先做准备的 4 个步骤

为谈判做准备是指，每次你与客户见面时，客户都可能会请求你更改一些销售条件，要随时准备处理这种情况。你无从知晓他们会请求你更改哪些销售条件，也无法确定他们什么时候会提出这种谈判要求。不过，如果你能确定以下 4 个问题，就能做好充足的准备。

本章和下一章并不是要详尽无遗地列出谈判策略，也不是要描述大多数销售人员从未遇到过的复杂谈判。相反，而是要针对所有销售谈判中的基本要素进行解释。

（1）明白你的起点是什么

为谈判做准备的第一步就是，确定你的起点是什么。要想让客户提出谈判请求，那你能为客户提供的最划算的方案以及最好的产品特性是什么？如果产品价格是由你们公司来定，那事情就简单了。但是，如果你在给产品定价时有一定的灵活性，那你就能选择把利润率定为多少以及为客户提供哪种产品特性。

确定谈判起点的因素包括如下几个：

① 你们公司需要多少利润才能维持长期运营

大多数公司对利润和销售额都有一个底线要求。如果你把价格降得足够低，同时又为客户多提供了一些产品 / 服务，那基本上任何产品和服务都能被你卖出去。但是，实际情况非常遗憾，有些销售人员只能通过过度让步才能把产品或服务卖出去。这种销售方式就相当于杀鸡取卵。

如果你把价格降得太多，无法让你们公司获得维持长期运营所需的利润，那你的销售额最终会被视为公司的累赘，最后可能会丢掉工作。为了你的腰包考虑，还是提高你的销售技能吧。

② 对你个人来说，销售额要达到多少才能完成任务，拿到奖金

除了让客户和你们公司实现双赢以外，你还有责任得到足够的收入来照顾你自己和你的家人。要始终清楚自己离完成任务、拿到奖金还有多远。有时候，再多拿几个订单就能为你带来很多收入，而如果你提高了自己的谈判技巧，就能拿到这些订单。

③ 要尽你所能判断出客户是不是总爱讨价还价

有些客户觉得讨价还价是自己的责任，为的就是每次花钱买产品或服务时感觉会好一些。第一次和客户有生意往来时，可能很难判断客户是不是总喜欢讨价还价。举例来说，你算好了把价格降多少，也决定了要为客户提供多少额外的价值。然后，你兴冲冲地找到客户说：“看看我给您争取到什么了！”

客户说：“这就是你们的最低价了？”

你气喘吁吁地说：“您可能还没明白。我为咱们两个人都省下了很多时间，直接把价格降到了最低。这个价格比我们公司的底线价格还要低 10% 呢！”

客户说：“那好。如果我付现金的话，能不能再把价格降 5%？”

你做了一下深呼吸，然后说：“这已经是最低价了。我在此之前已经提前替您争取了很久，最后才定下这个价格。如果您直接找我们公司或者找我们公司的其他销售代表，绝对拿不到这个价。您这笔投资太划算了。”

客户点点头说：“如果你能把价格再降一些再给我打电话吧。同时呢，我会再看看其他公司……”

这种情况只要发生过一次，你就会意识到，有些客户只有跟你讲过价之后才会立即采取行动购买你的产品。对这些客户来说，讨价还价就是购买过程中的一个环节。

因此，不要一开始就把最低价说出来。但是，要确保你为客户提供的价格要合理，因为客户总有办法知道你一开始提出的价格是不是虚高。一开始就要给客户一个不错的价格，但要为自己留出讨价还价的余地。

讨价还价可能会让有的销售人员心里反感。他们不想把时间浪费在讨价还价上，而是希望直截了当地提出自己能接受的最低价，为双方都节省时间。如果你也有类似的感觉，那你就面临下面两个选择：

a. 认可并接受客户的出发点

有些客户想讨价还价，这就是他们购买过程中的一个环节而已。如果你参与了客户购买过程中的这个环节，实际上就是在帮客户满足他们的需求。

b. 不讨价还价

一开始就向客户表明自己的底线，“这是最低价了。如果您觉得没问题，那就成交。”这也是讨价还价的一种形式。但是没关系，你这么说实际上就是告诉客户，你根本不在乎为了让他感觉好一些而进行的讨价还价环节。在这个销售过程中，你宁愿不和这位客户有生意往来，也要坚持自己的原则——不讨价还价。

（2）明白你的底线是什么

为了拿到这个订单，你愿意在价格和产品 / 服务价值上做出多大让步？如果你明白自己的最大限度是什么，你的内心就会异常平静。如果你明白自己最多能做出多大的让步，那就不会担心自己让步过多。通过这种方式，就不用担心现在拿到的订单会让你后悔，也不用担心事后你们领导会怪你给公司造成了损失。基于这个考虑，你就可以告诉客户，超出了某个限度之后，你也没有办法。通过这种方式，你在客户眼中仍然会是一位非常友好的专家和顾问，客户会觉得只是你们公司的“领导层”在定价问题上过于严格了。

一般来说，更好的做法是去找那些愿意出更高价的客户。还记得我们在第 9 章中提到的“如何将产品或服务的价值作为卖点，而不是主打低价”吗？如果你明明可以去找其他认可你们产品并且愿意为产品价值买单的客户，那为什么非要纠结于一个既不赚钱又可能给你带来麻烦的订单呢？

要确保每次交易金额都能够满足要求。你可能会惊喜地发现，如果你的目标很明确，通常目标就会实现。客户通常会答应你的要求。

- 如果你和客户谈的项目总金额高达几十万美元，而你希望客户先付一半的定金，客户通常都会付。
- 如果你希望客户立即采取行动，客户通常就会在你们会见期间做出决定。

（3）明白哪些方面可以谈判

很多销售人员不和客户谈判，因为他们不知道自己在哪些方面可以让步。如果你们公司规定了产品价格或者在产品风格、尺寸或颜色方面都有比较严格的规定，那就可以断定你和客户并没有多少谈判的空间。实际情况是，大多数销售人员在有些方面确实可以和客户进行谈判。

现在就是列出哪些方面可以谈判的好时机，我们先从简单的方面开始：

- 如果你推销的是某种产品，那这种产品一共有哪些型号、尺寸、颜色和其他特性可选？
- 在这些方面，哪些是客户最想要的？
- 哪些方面是你们公司最难以做到的？难以做到的原因是生产过程太复杂还是原材料太稀缺？

- 如果你推销的是某种服务，你能为客户提供的服务一共分为哪些层级？

接下来，列出你可以从哪些方面出发，为客户提供解决方案：

- 你们公司有没有价格更低一些的促销活动或者月底特价活动？
- 你们公司的定价比竞争对手低吗？
- 你或者你们经理是否有权调整价格？
- 如果客户以现金支付，能不能打折？
- 如果客户通过内部信贷计划或者信用卡支付，对价格有影响吗？产品的交付会对付款产生什么影响？
- 你们公司的产品是不是很快就会涨价？
- 如果客户有以下行为，会直接影响你们公司的定价吗？

◇ 要求加急交付产品或者延期交付产品。

◇ 购买多种产品或服务。

◇ 不必等到下周才买，今天就买。

◇ 付一部分定金，让你们公司在一段时间内为他们保留预订的产品。

◇ 分期付款。

你肯定希望对你们公司为客户提供的所有选择方案都非常熟悉。

客户谈判的其他方面往往是产品保修期或者客户服务方案：

- 你能调整为客户提供的保修期限吗？
- 你能调整客户售后服务的时长吗？
- 客户服务是否分为不同等级，比如有些服务需要面对面提供，有些需要通过电话提供，有些则需要通过网络提供？

一定要事先准备，这能让你避免在与客户谈判的过程中不知所措。如果客户提出了谈判请求，而且对你的回应不满意，那你肯定希望能再为客户提供其他选择。你为客户提供的选择越多，就越容易与客户达成一致，实现双赢。

下面列出了一些在销售过程中可以谈判的方面和交换条件：

- 如果客户当天就决定购买你的产品，就可以按照客户要求的时间交付产品。
- 如果客户能增加首笔付款的金额，就可以在客户的业务旺季开始前完成各项工作。
- 如果客户在选择产品型号时选择了豪华型，那就可以延长产品保修期。
- 如果客户购买多种产品，就可以为他们提供更高级别的客户支持服务。
- 如果客户当天就购买，就可以提供免费运送服务。
- 如果客户当天就付款，就可以确定产品交付日期。
- 如果客户在月底之前购买，可以提供打折。
- 如果客户当天在协议上签字并且支付定金，就可以在产品涨价后仍然以涨价前的价格购买。
- 如果客户当天全额付款，可以打9折。
- 如果客户当天下订单，就可以保证客户拿到最受市场欢迎的产品型号。
- 如果客户当天在协议上签字，就可以提供产品免费升级服务。
- 如果客户在一年期服务协议上签字，就可以额外赠送一个月的服务。

现在轮到你了，你有哪些交换条件？

列一个清单非常有好处，因为不知道什么时候清单上列出的某个条件就能派上用场。好消息是，你会发现在这个长长的清单上，有两三个交换条件对你们公司和你个人来说是最重要的。

举例来说，如果你推销的是大宗商品，而且大多数客户需要几个月才能把款项付清，那对你们公司来说最有利的妥协就是，同意客户按月分期付款，但首笔付款要多一些。通过增加客户首笔付款的金额，就能减少你们公司的应收账款，减轻资金周转压力。对你们公司来说，这笔流动资金的价值可能就足以让你同意客户提出的分期付款请求。如果能意识到这一点，面对客户提出的很多讨价还价的请求，你都能要求他们提高首笔付款的金额。

在下面这3种情境中，你就可以通过要求客户提高首笔付款金额来让他们更易于做出决定。

客户：“我们6月1日旺季就开始了，在此之前能完工吗？”

销售人员：“要想在6月1日之前完工，我们得把城外的一个团队调回来。如果您能先付75%的款项，那我们经理会非常乐意承担由于调动团队而产生的额外成本。”

客户：“选原材料的时候，能不能不用标准型产品的原材料，用豪华型的？”

销售人员：“由于原材料的成本需要我们向供应商直接支付，所以您要付清全款作为定金。”

客户：“同样的工作量，你们竞争对手的报价比你们低15%。在价格上你们还有什么调整的空间吗？”

销售人员：“如果您能先付75%作为定金，我们经理就能有一些回旋的余地，把价格降一些。”

每个销售情境的具体情况都不一样，但同样的交换条件作用是一样的，都可以让你拿到订单，与客户实现双赢。

在很多销售情境中既常用又有效的交换条件是，请客户立即采取行动。在以下这两个销售情境中，你就可以利用请客户立即采取行动这个交换条件拿到订单，实现双赢。

客户：“能给我免费延长一年保修期吗？”

销售人员：“如果您今天就能下订单，我看看我们经理会不会同意延长保修期。”

客户：“你们能在元旦那天交付产品吗？”

销售人员：“这得专门安排，但是如果您今天就签协议，我就有时间说服我们领导同意您的这个要求。”

因此，要列出一个交换条件清单，因为说不定清单上的哪个交换条件就能让你顺利地拿到订单。另外，在列出的所有交换条件中，要注意选出两三个你最常用的。

（4）明白什么时候离开

在有些情况下，不再和客户谈判是必要的。你可能已经妥协到了自己的底线，也试过了所有的方案，但客户就是不让步。

从公司的角度来讲，要考虑机会成本。很多公司在特定阶段只具备一定的能力，要么把精力集中在生产上，要么用在产品渠道上，要么用在服务能力上。如果把所有的这些宝贵资源都用在一个低利润的订单上，可能就会让公司错失将来可能出现的利润机会。

从个人角度来讲，你也需要决定什么时候从一个毫无意义的销售情境中脱身。随着你对自己的销售能力越来越有信心以及对你们公司越来越了解，你就能更容易地辨别出哪些类型的订单可以接受。可能你现在正处于个人销售生涯或者经济状况的低谷，什么样的订单都想要。要明白，迫不得已去争取的、不赔不赚的订单无法让你在销售生涯中有钱可赚。更糟糕的是，这种订单可能会诱使你牺牲自己的职业道德。

如果你十分清楚哪种订单对你们公司或你个人有利，客户就会对你流露出的这种确定性有所回应。如果客户问你能不能把价格降10%，而你在语言和非语言上的回答都是绝对的“不能”，那客户就会感受到在这一点上没有任何回旋的余地。

决定是否和客户谈判还需要考虑另外一个因素，即你想不想在拿到这个订单后和一个难缠的客户打交道。如果这个订单的利润极高，那就收下这笔钱，然后该吃什么苦头就吃什么苦头。但是，如果这个订单不赔不赚，那就要考虑一下你是不是想在接下来的几天、几周或者几个月里和这位难缠的客户纠缠不清。要求最苛刻的人——那些拼命砍到最低价的人——通常都是最不认可你们产品的客户。希望这种客户在你的销售生涯中只占少数，但有一点你要明白：有压迫就有反抗，客户越逼你同意他的谈判要求，你就越需要坚持自己的立场。所以，事先要做好准备，自信、坚定地告诉客户你的底线是什么。

事先做准备的优势

（1）能让你避免做出无法实现的承诺

如果销售会见的节奏很快，那你就有可能过于关注如何拿到订单，而向客户承诺了很多不合理或者没有必要的事情。如果你事先更为清晰地确定了自己的底线，面对客户提出的谈判请求时，就可能会做出不同的回应。

（2）能让你准确地判断形势

事先做准备能让你有机会考虑什么对客户来说是真正重要的，还可以让你有机会想出几个办法，既满足客户的需求，又有利于你自己和你们公司。

（3）能让你更仔细地倾听客户

如果事先做准备，你就不用一边听客户说话一边琢磨哪些问题可以让步、哪些不可以让步了。如果你遗漏了客户话中的细节线索，那就相当于丢掉了订单，而如果你在听客户说话的时候心事重重，就很难注意到客户透露给你的细节线索。

很多销售人员由于事先没有准备或者准备不充分，在现场与客户谈判时都是在等待和观望。客户提出谈判请求之后，观望型的销售人员急忙就把自己的底线亮出来，然后等着看客户接下来会提出什么问题或谈判请求。在谈判过程中，观望就等于被动。但是，从这种销售人员手里买东西非常划算。你要什么，他们就给什么！

客户：“价格可以优惠一点吗？”

观望型销售人员：“当然可以。您看打 95 折行不行？”

客户：“行。免运费行吗？”

观望型销售人员：“没问题，包在我身上。”

客户：“太好了。保修期能免费延长一年吗？”

观望型销售人员：“呃，按照我们公司的规定，我只能给您把保修期免费延长半年。”

客户：“那也行。我能不能先付一半定金，以后再付另外一半？”

观望型销售人员：（耸耸肩）“好的。”

客户：“价格最低能降到多少？”

如果你是客户，这个销售情境简直太好了。但如果你是销售人员，这就不太妙了。如果你事先为谈判做了准备，即使只是在销售会见开始之前花几分钟做了一点准备，也可以产生一些积极的效果：

- 你能更迅速地识别出客户提出的谈判请求。
- 你能更清楚客户会在哪些情况下提出谈判请求。
- 你能自如地请求客户也做出一些让步作为回报。

- 你能更自信地向客户争取你想要的东西，并且在你无法再让步时明确地告诉客户。

客户越是擅长谈判，他们就越会尊重你在谈判中表现出的自信。事先准备能让你在谈判过程中信心十足。

要点总结

- **客户提出谈判请求就意味着客户想跟你做生意，但具体条件还需要商量。**
- **事先为谈判做准备能让你充满信心，还能让你赢得客户的尊重。**
- **提前把可以谈判的问题列成一个清单，这可以让你在与客户交流的过程中把注意力集中在有助于拿到订单的重要细节线索上。**
- **在列出的所有可以谈判的问题中，有两三个可能是你最常用到的。**
- **不要在谈判一开始就把你真实的最低价告诉客户。**
- **如果你明白自己的底线是什么以及什么时候该离开（即不再与客户谈判），那你就能充满信心地设定自己的底线。**

16

如何与客户谈判

现在好戏才真正开始。客户提出谈判请求之后，形势就变得对你有利了。为什么呢？客户已经克服了犹豫不决这个障碍，现在正在主动“试探”要不要购买你的产品——当然，具体条件还要商量。因此，你必须随时准备着利用你所有的销售技能与客户达成一致。记住，你之所以占据着优势，是因为你面对谈判比客户准备得更充分。

谈判中的第一大错误

你觉得销售人员在与客户谈判时最常犯的一个错误是什么？是降价太

快！销售人员经常犯这个错误，因为他们觉得，客户之所以还没有买是因为价格太高了，如果我把价格降一些，客户就会买。

降价总是最容易的做法。采用这种做法可能会让你拿到几个订单，但未必会为你们公司带来最好的机遇，你在销售生涯中也无法靠降价拿到大部分订单。注意不要养成这个习惯。因为从长期来看，这个习惯会对你的销售生涯和收入产生负面影响。

你该如何避免这个在谈判中最常犯的错误？你之前在解决客户顾虑的过程中，是如何避免当时最常犯的错误的？这两者的方法一样。如何处理客户提出的谈判请求就像下象棋一样。客户首次提出谈判请求后，你一开始的反应就决定了你后面的举措能不能成功。

接下来，我们把谈判过程逐步分析一遍。

（1）保持放松

你现在离拿到订单只有一步之遥。你之前已经做了销售陈述，也提出了请求，让客户采取行动。客户也提出了一些顾虑，但这些顾虑都是正面的，透露出了购买的信号。现在你觉得马上就能拿到订单了，然后客户说：

- "产品装饰能定制吗？"
  （啊！你们公司不提供产品装饰定制服务。）
- "本周的会议就要用这个产品，你能在两天之内把货送到吗？"
  （啊！即使是加急订单，产品的组装和运输也需要5天时间。）
- "你能不能把价格降15%，降到和你们竞争对手的出价差不多？"
  （啊！竞争对手是一家当地公司，而且没有加入工会，也不像全国性公司那样有间接成本。）

如果你知道自己无法满足客户提出的谈判请求，那也要保持放松状态。

呼吸，而且要深呼吸。要像你在读这本书时一样放松，客户提出谈判请求之后，你就是应该保持这么放松的状态。

为什么这一点很重要呢？在销售拜访刚开始的时候，你通过语言和非语言方式已经和客户建立起了融洽的关系。基于这种关系，你们开始适应和模仿对方的行为。在你做销售陈述的过程中，模仿对方的行为对你有利。你坐下来开始做销售陈述，客户也跟着坐了下来。你身体前倾，向客户展示你的产品，客户也模仿你的行为，身体前倾看你做展示。

但是如果客户提出了一个顾虑或者提出了谈判请求，然后你就紧张了……客户就会受到你的影响，也变得紧张起来。怎么才能避免双方模仿对方的不当行为呢？你要对客户提出的谈判请求做好准备，并且保持放松。记住，客户提出了谈判请求就意味着销售过程还没有结束——客户还没有用“不”来拒绝你。

（2）明确客户提出的谈判请求

客户提出谈判请求后，销售人员常常会对这个具体请求进行回应，而不是挖掘请求背后所蕴含的客户需求。这些销售人员只是头痛医头、脚痛医脚，治标不治本。如果你能意识到谈判请求背后的需求，也许就能用更有利于你们公司和客户的办法来满足客户的需求。

作为一名专业的销售人员，你的责任就是确保自己明白客户提出的谈判请求，进而利用你的知识和经验为客户提供最佳解决方案。因此，在你回应客户的谈判请求之前，要请客户明确以下几个问题：

客户：“如果我们买你们公司的产品，能不能为我们免费多提供一个月的现场培训？”

销售人员：“我们当然想为您提供您需要的所有培训。您为什么觉得需要延长培训时间呢？”

客户：“我不知道我们的员工能不能只经过一个月的培训就学会使用这个新系统。”

销售人员：“所以您是要保证您的员工在第一个月培训结束之后能得到充分的技术支持，对吧？”

客户：“对。”

销售人员：“好。如果我们第二个月为您提供无条件的免费电话服务，您觉得怎么样？我们可以在一个月之内指导您的员工解决新系统使用过程中可能出现的任何小问题。这是不是可以为您的员工提供他们需要的额外支持服务，您现在是不是可以放心地进行下一步了？”

如果能发现隐藏在客户谈判请求中的目的，你也许就能用更低的成本满足客户的需求。

（3）要求客户也做出相应的让步

无论何时，如果客户要求你让步，一定也要请他做出让步。为什么这一点很重要？

第一，你对客户提出的请求反映了他提出的让步请求具有多大的价值。如果客户要求你让步，你就答应了他的要求，那他怎么知道他的要求对你来说有多重要？

- 如果你不要求客户也做出让步就直接降价，客户会不会觉得你的价格虚高？
- 如果你不要求客户也做出一定的让步就给他免运费，客户会不会觉得你一开始的报价就包括免运费？

如果你要求客户也做出相应的让步，那就相当于告诉他，你让步的价值就等于他让步（立即购买、提高首付款比例、购买价格更高的产品型号）的价值。

第二，如果你要求客户也做出让步，往往会让客户接下来不对你提出那么多的谈判请求。他必须得考虑一会儿自己是否愿意答应你的请求。客户思考的问题就会从“想从你这里得到什么”变成了“能给你什么”。如果客户必须得放弃一些东西才能让你答应他提出的谈判请求，那他在提出另外的谈判请求之前往往就会三思而行。你相当于给他传递了一条非常重要的信息：谈判并不是单向的，客户不能一直索取，也不能一直要求你让步，同时自己却什么都不付出。传递这个信息具有非常大的作用！

想象一下上一章中的销售人员与客户的对话，如果销售人员像下面这样对客户提出的谈判请求进行回应，对话会是什么样？（为了便于对比，销售人员之前对客户的回答已在括号中列出。）

客户：“价格可以优惠一点吗？”

销售人员：（“当然可以。您看打 9.5 折行不行？”）“如果您把首付款增加一些，也许可以打 9.5 折。您愿意把首付款增加多少？”

客户：“免运费行吗？”

销售人员：（“没问题，包在我身上。”）“如果可以免运费，那您今天就愿意下订单吗？”

客户：“保修期能免费延长一年吗？”

销售人员：（“呃，按照我们公司的规定，我只能给您把保修期免费延长半年。”）“如果您今天就买，我们也许能把保修期每年的收费标准降低一些。”

客户：“我能不能先付一半定金，以后再付另外一半？”

销售人员：（“好的。”）“一般来说，不可以。但是，如果您今天就签协议，我们可以接受分期付款，余款的手续费只按照 2% 收取。”

客户：“价格最低能降到多少？”

销售人员：（把真正的最低价说出来）“您计划今天就下订单吗？”

客户：“不是。”

销售人员：“那我们再聊一聊您什么时候准备采取行动（购买）。”

你有没有发现销售人员的每个回答是如何阻止客户再要求让步的？要想让销售人员答应让步请求，客户必须要增加额外的资金投入，今天就采取行动，付费延长保修期，并且付 2% 的手续费！天下没有免费的午餐！

无论什么时候都要要求客户也做出让步的第三个原因是，谁提问，谁就掌控对话。你仍然得回应客户提出的谈判请求，但你的回应并不由客户决定，而是由你自己决定，因为你要引导对话的方向。

无论什么时候都要要求客户也做出让步，这是一个好习惯。

列出对你和你们公司最有价值的交换条件，当客户请求你做出让步时，这些交换条件就是你的标准回答。你一定会惊喜地发现，很多时候客户都能答应你反过来向他提的条件。

（4）要向客户提供额外的价值，而不要降价

上一步说的是要养成的习惯，这一步说的是要遵守的原则。同意客户提出的降价请求通常是下下策，不到万不得已不能这么做。与降价相比，为什么向客户提供额外的价值更好呢？

第一个原因是，如果客户批量买进（即批发），你们公司一般都可以向客户提供额外的价值。而在客户心中，这些额外的价值是按照零售价计算的。举例来说，你可以给客户把价格降 10%，也可以给客户赠送相当于总价值 10% 的产品，而对你们公司来说，这些产品的实际成本可能只有总价值的 5%。

要向客户提供额外价值而非降价，另外一个原因是，这不会破坏你们公司的定价结构，即以后再卖给这个客户或者他推荐来的其他客户时，价格不会受到这次销售的影响。如果你给了客户最低价，那如果这位客户再向你介绍其他客户，那你给这些客户的报价很可能都必须得是这个最低价。你或许可以拿原材料成本上涨为理由提高报价，但可能还是弥补不了你当时为了拿到第一个订单而为客户打的 9 折或 9.5 折。

在这个例子中，如果你当时以附加服务的形式多为客户提供 10% 或 15% 的价值，客户再向你介绍其他客户时，你就具备了以下两大优势：

①与价格相比，附加服务更难以解释

价格很容易进行比较。客户对他介绍给你的另外一个客户说：“嗨，我从 ×× 公司买了一款产品，把单价讲到 50 美元了。你和他们公司的工作人员聊聊，看看能不能也按这个价格买到。”拿到优惠价可以被客户拿来炫耀，显示自己在谈判中占了上风。

但特定的服务或产品特性对每个客户的价值都不同。你的客户可能会说：“我需要把网络在线支持服务延长两个月，让我的团队顺利挺过旺季。”而如果你的推销对象是这位客户介绍的其他客户，而此时对这位客户来说并不是旺季，因此这位客户就不会像之前的客户一样有这个需求了。介绍来的这位客户可能仍然会要求你免费延长几个月的网络售后服务，但这样你也就有了回旋的余地，可以通过其他筹码来满足客户提出的要求。

②有助于你拿到更多奖金

由于你没有给客户降价，所以你给你们公司带来的收入没有减少，因此可能有助于你拿到更多奖金。

你的工作职责之一就是了解你们公司每一件产品的价格构成，知道每个产品 / 服务特性值多少钱。首先，这些产品 / 服务特性必须得是真正最适合客户的。有一点要明白，那就是有些产品 / 服务特性可能也会给你赚很多钱。

（5）降价是最后不得已的选择

现在离谈判结束已经不远了。你已经利用之前列出的交换条件和客户讨价还价了，而且你坚持不降价，尽力为客户提供更多价值，想通过这种方式与客户实现双赢。客户也听你提出了几次方案和报价，但还是没同意买你的产品 / 服务。

在降价之前，先要得到客户的保证：如果你降了价，客户就会立即采取行动，购买你的产品。注意这里的用词“如果”——你问的是一个条件句。你并没有同意降价，也并没有说可能会降价。这是一个试探性收尾问题，只是看看有没有成交的可能性而已。

如果客户给出了肯定回答，就相当于明确地表示“如果你满足我这个要求，我就买你的产品”。花点时间好好想一想。你还没说自己能降价，但客户已经告诉你，如果你降价，他就会买。这种类型的谈判才会让你拿到订单！

为什么在降价之前先得到客户的保证很重要呢？如果你没有得到客户的保证就贸然降价，最后可能就会出现客户不断压价的情况。客户说：“你们的报价是 4 100 美元，你们竞争对手的报价是 3 600 美元。”于是你就围绕着你的产品和服务的附加价值大谈特谈，但客户还是不为所动。“把价格降到你们竞争对手的价位，不然我就买他们的产品。”

你觉得这是客户发出的最后通牒，所以你回到你们公司之后就想尽一切办法求领导同意把价格降到 3 600 美元。耶！你第二天早上就通过电子邮件把报价告诉客户了。当天下午你给客户打电话，想约个时间去客户那儿取签好的协议，顺便拿支票。“嗨，我太激动了，终于说服我们经理把价格降到我们竞争对手的价位了。”你说。“太不容易了。但最终还是把价格降到您的理想价位了。您什么时候方便，我过来一趟，把协议签了？”说完停顿了一下。

客户说：“呃，今天下午，你们的竞争对手刚刚把报价降到 3 300 美元。”

这就是压价。客户利用你们的竞争对手逼你降价，然后客户反过来利用你的报价来逼你们的竞争对手降价。就这样一来二去，每次都大幅降价——如果你和你们的竞争对手傻到继续玩压价游戏的话，可能最后就降到一分钱都不要了。客户为什么不继续用这个伎俩呢？客户的目的就是拿到最低价。

面对客户压价，你该怎么办？有个很好的问题应该拿来和你们销售经理讨论：你们公司有多想拿到这个订单？你们公司为了拿到这个订单，愿意牺牲多少利润？有些公司的理念是几乎什么订单都要接，有些公司只接那些达到一定利润标准的订单。

如果市场不景气，有些公司有时候宁愿亏损（公司会计部门眼中的亏损）也要接订单，目的就是为了不让员工闲着，盼着这个客户日后会再次购买他们的产品 / 服务。所以，你要确保自己非常清楚你们公司希望你什么时候放弃某个订单以及为什么想让你放弃。

假设你推销的产品是以价值取胜，竞争对手推销的产品是以价格取胜，而你却要在价格上和对手竞争，那你的销售生涯肯定不会如意。如果你推销的是价值，刚和客户见面时就可以通过与定价有关的探索性问题说明你的价值定位，从而避免陷入被压价的境地——“您只考虑价格高低，还是质量也同样重要？”你肯定希望客户说“价格很重要，但我们也希望产品的质量要好。”

如果你之前听客户说过类似的话，那现在就应该提醒客户他们之前说的这些话。

销售人员：“不好意思，我记得您之前说您既关注价格，也关注质量。”

客户：“呃……对。”

销售人员：“您觉得两种产品质量不在一个档次上，价格却一样，这合理吗？”

客户：“呃……”

一定要保持冷静，因为冷静能为你和客户谈判争取到更长时间。要抱着了解客户的目的，真诚地针对客户之前说过的话向客户提问，在此过程中你需要思索客户这一刻在想什么。如果客户觉得你的产品（靠价值取胜）应该和竞争对手的产品（靠价格取胜）的价格是一样的，那可能就是因为你在产品陈述阶段没有让客户充分认识到你的产品的价值。

避免被压价的第二个方式是，一开始就拒绝压价。我们再重演一次上面的例子。客户说：“你们的报价是 4 100 美元，你们竞争对手的报价是 3 600 美元。把价格降到你们竞争对手的价位，不然我就买他们的产品。”

你回答，“我很乐意想办法给您优惠，但为了保证给您提供最优质的产品，我可能降不到竞争对手的价位。”

很多客户习惯了讨价还价，听到你这么说会猝不及防。“呃……为什么降不到？”客户问。

这就是你阐述产品价值的好机会。“因为如果资金有限的话，有很多方法可以走捷径（偷工减料）。我们不走捷径，而是一开始该收多少就收多少，把该做的工作做好。”

你这句话会让客户在心里产生一种不安全感。他就会琢磨，如果继续压价，质量会受到什么影响。通过这种方式，你就能把重点从产品价格转移到产品价值上。如果客户还想继续谈，接下来可能就会说：“你最低能降到多少？”

“我回头查一下，尽快给您答复。”你的这种做法会阻止他从你的竞争对手那里购买。如果他真想知道你最低能降到多少，就会等你答复之后再做决定。

客户最后可能会觉得，产品价值是最重要的。或者，也可能会从你的竞争对手那里购买产品。但有件事客户不会做，那就是压价，而且这也不会导致你无法给其他潜在客户提价。通过这种方法，你既避免了被客户压价，保护了你们公司的利润结构，还有力地向客户说明了你们产品的价值。更重要的是，你有力地向自己说明了你们产品的价值。大多数销售人员对自己产品的价值都是“嘴上说说而已”，但只要客户在价格上对他们施加压力，销售人员的所作所为就会违背自己在口头上对自己产品的信念。

当你不知道如何回应客户提出的谈判请求时，该怎么办？

如果你需要回公司研究或者得到领导允许之后才能答复客户提出的谈判请求，常识性的回答应该是告诉客户你会查一下，然后尽快给他答复。但在与客户见面时的兴奋状态下，不一定总能想起常识。如果你不确定是否可以提供某种产品或某项服务，那就不要承诺。即便这样会干扰你和客户沟通的流畅度，进而导致晚一些才会拿到订单，但与一开始承诺过多，最后却告诉客户你无法兑现相比，信心十足地向前推进更好。

圆满结束谈判

谈判过程快结束时，你可能会遇到以下几种情况：

（1）客户可能又会提出另外的顾虑或问题

- “再跟我说一遍，相比较而言，你们的新系统为什么更好？”
- “我还是不相信你们能及时交付。”
- “我们经理更倾向于选择你们竞争对手的设备。”

这就会把你们之间的对话重新引到“说服客户的循环”的内循环，没关系，说服过程会在“谈判”和“解决问题 / 顾虑”之间来回往复。由于你现在已经知道如何辨别这两者了，所以就能做出相应的回应。

（2）所有的交换条件都说完了，客户还是不让步

你可以提出终极问题：“咱们已经谈了很多可能性了。还需要做什么，您今天才会采取行动？”问完这个问题后，要保持放松，然后等待。在客户说话之前，你一个字也不要说。不管沉默的时间是5分钟还是1个小时，都不要先说话。如果静默的时间够久，那你就要做好准备了，因为客户可能会假装自己忘了你问了什么问题。

“咱们都谈完了吧？”

“不好意思，我刚刚问您，还需要做什么事，您今天才会采取行动？”

然后再次保持沉默。记住，销售过程中有3种基本活动：做陈述、提问题以及保持沉默。如果你向客户提出了让他立即行动的请求，那你在客户开口之前一定要保持沉默。沉默很简单，但也很有力。

（3）做总结

如果你把包括终极问题在内的所有问题都聊完了，接下来就该结束了，简要陈述一下你的想法。结尾时要说类似于这样的话：“我们公司致力于提供优质的产品和服务。如果您想获得我们产品所具有的价值和优势，那价格就是这样的。”

说这句话的时候要友好，但也要坚定。而且，即使你没有拿到订单，离开的时候也不会遗憾，因为你知道自己已经非常专业地尝试过了所有的可能性。如果你觉得客户会选一家靠低价取胜的公司，而这家公司无法提供优质的产品或服务，那就在你的日程表上安排一下，几周之后做一次后续跟进。客户会非常感谢你做的后续跟进，偶尔如果那家靠低价取胜的公司把事情搞砸了，客户会指望你们公司把工作重新带回正轨。

情境 1　商务场合的销售拜访

早在与客户见面之前，凯特就列出了以下交换条件（即客户要想让她同意自己提出的要求，就必须接受这些条件作为交换），为与所有潜在客户见面做准备。

- 延长保修期。
- 延长网上客服期限。
- 每年额外提供两次服务。
- 分 3 期付款。
- 每年提供免费的 ×× 产品测试。
- 如果客户用现金支付，可以定制颜色。
- 免运费。
- 加急配送。

凯特通常会向客户提出这些优惠，前提条件是潜在客户立即决定购买。

在“内循环”过程中，凯特发现了史蒂文斯先生的顾虑，也让他同意了如果凯特能圆满解决他的顾虑，那他今天就采取行动（购买）。接下来，凯特对史蒂文斯先生的顾虑逐一进行了解答，而且确认了史蒂文斯先生对她的解答很满意，然后再次请史蒂文斯先生做出购买决定。

史蒂文斯先生皱着眉头，望着天花板。“如果我不止买一套 ×× 产品，能给我打几折？”

凯特回答：“您想打几折？”

“如果产品质量更好，我有3个团队都能从中受益。如果我买3套，你能提供什么优惠？”

“总价还是不变的，但我也许能争取领导同意为您购买的3套产品免费延长6个月的保修期。如果您今天就购买的话，我们领导可能就会考虑给您免费延长保修期。”

凯特感觉到他还想聊其他的事情，所以凯特没有引导他再次做决定……至少现在还没有。“还有其他问题吗？”

史蒂文斯先生想了想说：“最好能额外提供一些支持服务。团队里有些人需要花一些时间才能适应新产品的功能……”他突然改变了话题。“为什么每家公司的产品年检费用都这么高？”

凯特感同身受地露出了痛苦的表情。“您比任何人都清楚，如果××产品不能正常运转，会出现多大的问题。”

“啊，太清楚了。但是，说实话，每套产品的年检费用要花500美元？你们真是不让我活了。”

“要遵守法规的要求，成本高没办法。”凯特赞成道。

史蒂文斯先生皱起了眉头。他本来指望凯特听了自己的抱怨就把××产品的年检费用降一些。他给了凯特一点时间，想让凯特主动提出降价，但凯特只是一言不发地看着他。他继续说道：“在你们公司的年检费定价问题上，你有什么办法变通一下吗？”

“迪恩，如果你今天就准备好买的话，我就有很多充足的理由请我们领导同意你的要求。”

他琢磨了一下凯特的话。“我打算多买几套 ×× 产品。”

“您之前说买 3 套。”凯特平静地说道。

史蒂文斯先生意识到凯特在非常认真地听自己讲话，于是他说话更审慎了。“如果我买 3 套，在合同里能不能加上免费年检的条款？”

之前凯特了解到史蒂文斯先生手下有多少个现场施工团队之后，她的目标就是让所有这些团队都用上她推销的产品。她开始朝这个方向聊了。“目前，您有 6 个现场施工团队都需要用到 ×× 产品。如果您既换掉目前使用效果不理想的 3 套产品，又把剩下的几套产品也换成我们的产品，那我们公司会更愿意免去您的年检费用。”

史蒂文斯先生耸耸肩说：“我不反对。我们现在签的是月度协议，因为我对现在这家公司的服务不满意。那你是说，你会把这 6 套产品的年检费用都免掉，对吗？”

“如果您既购买原定的 3 套产品，同时也把剩下的所有产品都换成我们的产品，那就免掉年检费。”凯特之所以说“剩下的所有产品”，是因为她不确定史蒂文斯先生近期计划购买多少套 ×× 产品。不管买多少套，凯特希望把这些订单都拿到。

史蒂文斯先生在考虑节省下来的资金，双方就这样沉默了一会儿。凯特保持了放松的状态，时刻准备着对史蒂文斯先生的回答进行回应。

他眯着眼睛又提了一个谈判（讨价还价）请求。“但是，我们还得解决每月的服务费问题。你每套产品的月服务费报价比我们现在这家供应商高 80 美元。如果乘以 6（6 个团队），每月就是 480 美元。太贵了！”

凯特本可以提醒他，使用目前的产品会延误团队的工作，由此会造成数千美元的损失。但是，她觉得这么说不仅不会让客户马上做出决策，反而会推迟决策时间。相反，她决定提醒史蒂文斯先生他们目前在很多问题上都已经达成一致了。“如果我们为您购买的所有产品都免费提供年检，每年会省下 500 美元，除以 12 个月，就相当于每套产品每月的服务费都降低了 40 多美元。我们和您目前的供应商在服务费上只差不到 40 美元了。”

史蒂文斯先生点点头表示同意。凯特觉得他马上就能说“行”了，于是继续给他施加压力。“单单电话售后服务这一项，你每月付给现在这家服务供应商多少钱？”

史蒂文斯先生拿起凯特竞争对手的服务协议，开始找关于价格的条款。凯特知道这项服务的价格并没有写在协议里，但她还是让史蒂文斯先生自己发现这一点。史蒂文斯先生给助手打了个电话，问了问价格，对凯特说：“啊，对了。我们当地的 ×× 产品公司不通过电话提供售后服务。”

凯特当然知道。而且，她还知道生产这种产品的制造商收多少电话售后服务费。

史蒂文斯先生的助手把价格告诉了他。“什么？我还以为每个月 15 美元呢。他们什么时候涨的价？”

凯特忍着没有露出笑容。制造商在 4 个月之前提高了每月电话售后服务的价格。她之前也见过其他潜在客户有类似的反应。

史蒂文斯先生挂了电话说：“我们每个月的电话售后服务费要付 25 美元。”

凯特给他留了一点时间，让他算算账，然后才继续说：“由于我们的产品都是内部生产的，不依赖第三方制造商，所以我们的定价中就包含了电话售后服务。所以说，每月省下的 40 美元年检费，再加上每月 25 美元的第三方电话售后服务费，我们的价格只比您目前的供应商高 15 美元。”

她能看出来，史蒂文斯先生已经开始动摇了，但还在纠结。

史蒂文斯先生低头看着平板电脑上凯特她们公司的标识，心里权衡着凯特给他讲的产品价值。他非常不希望每个月多交服务费，但更讨厌由于产品故障造成工期延期以及成本上升。他决定，如果每个月要多交一些服务费，就争取再得到一些额外价值。“把价格降到我们现有供应商的价位，我就让你们公司做我们的供应商。”

凯特再一次忍着没有笑出来。史蒂文斯先生终于准备好达成协议了。她在脑子里想了一遍自己的交换条件。根据史蒂文斯先生之前透露的信息，凯特选了一个交换条件来弥补与竞争对手在价格上的差距。“你们去年有多少次请供应商加班维修设备的情况？”

“呃。我得查一查。我们员工的工作时间一般是上午 8 点到下午 4 点，但有时候由于第二天天气不好，所以我们必须得当天完工，遇到这种情况就会加班到晚上。”他笑着说：“当然了，不管什么时候，只要下午 4 点开始加班，设备总会在 4 点零 1 分出故障。”

凯特听完笑了出来。在紧张的决策时刻，有了这片刻的放松。

史蒂文斯先生继续说：“我不知道，可能每年 6 次吧。”

“那大概就是每年每套设备平均都要在工作时间之外维修一次了？每次加班维修你要付给供应商多少钱？”

“现在你问到痛点了，”他半开玩笑地说道。“大约一小时 285 美元吧。”

“每次加班维修至少需要 2 个小时吧？”

“对。天呐，你让我今天的心情好沉重啊！”他一副情绪低落的样子说。

凯特又笑了笑，继续说道：“那就是说，每次加班维修，至少要 2 个小时，成本至少是 570 美元。每年加班维修 6 次，乘以 6，那你每年加班维修设备的成本就是数千美元。”

她在等史蒂文斯先生认可，而且史蒂文斯先生最终也确实点了点头表示同意。

“您之前说，如果我给您解决了这每月 15 美元的服务费差价问题，您今天就可以进行下一步了。”

他又点了点头。

“每套设备每月 15 美元的差价乘以 6 套设备，就是每月 90 美元。再乘以 12 个月……”凯特从包里拿出了纸质协议，翻到了背面，用铅笔在背面算了算，为的是让史蒂文斯先生看见是怎么算的。“每年就是 1 080 美元，没错吧？”

“没错。”

凯特开始收尾了。“如果您今天就买 3 套设备，并且把您剩下的那些设备都换成我们的产品，那我们领导就能同意为您购买的设备每年免费提供 3 次加班维修服务。其中包括你从我们公司购买的设备以及继续使用的这些现有设备。”

凯特把协议翻了过来，在特别条款部分，她清清楚楚地写下了“若从 ×× 公司购买 3 套新设备，×× 公司每年则免费提供 3 次加班维修服务。”凯特一边写，一边说：“这项服务的价值超过了 1 500 美元，远远大于每套设备每月降低 15 美元服务费的价值。”

凯特把协议转到了史蒂文斯先生的方向，好让他看清楚协议上的内容，但凯特并没有故意把协议推到史蒂文斯先生面前。“没错吧？”

凯特背靠在了座位上，保持放松的状态。史蒂文斯先生看了看凯特刚刚手写的内容，什么也没说。然后，他伸手把协议拿了起来，翻到第一页开始看，看完后又翻到凯特手写内容的特别条款部分。

“电话售后服务包括在内了，”他说，“免费年检。每年免费提供 3 次加班维修服务。能提供 6 次吗？平均每套设备维修 1 次。”

凯特把史蒂文斯先生是否言而有信搬了出来。“你刚刚说让我给您解决每月 15 美元服务费差价的问题，然后就能达成一致了。我已经超额完成您的要求，对吧？”

他想了一会儿，做出了最终决定，“好吧，我们准备好了，换成更好的设备。现在你和我需要做什么？”

“如果能把现有设备的注册号码告诉我，我就把协议上剩下的信息填完，然后您签字就可以了。”凯特一边说，一边看着他手里拿着的协议。他意识到了凯特的意思，把协议给了凯特，然后给助手打了个电话，问设备的注册号码是多少。

凯特很快填完了史蒂文斯先生所购设备的服务协议，也填好了3 套新设备的书面订单。填写信息的时候，凯特的表情令人很愉悦，注意力却非常集中。她成功拿到了这个订单，但还要完成一个任务，为将来的订单铺路……

情境 2　家庭场合的销售拜访

鲍勃事先准备了下面这个交换条件清单：

- 先付 10% 的定金，交付产品时付清余款。
- 如果用现金支付，可以提供产品免费升级服务。
- 选择使用公司的各种付款方案。
- 如果客户同意最终报价，就可以定制产品特性。
- 获得税收抵免资格。
- 免运费。

- 每年的保险费增长控制在一定幅度内。
- 能把服务转移给继承人。
- 享有客户服务专线。

鲍勃已经和帕特、加里完成了“内循环”过程。鲍勃现在已经确定了，学习如何使用产品以及现金流问题是他们不立即购买仅有的原因。他们二人都表示，如果鲍勃能圆满解决这两个顾虑，他们今天就会购买。鲍勃提出可以分3期付款，然后请他们做决定。

然后加里问：“每次付款的间隔时间能不能从30天延长到60天？”

鲍勃并没有立即回答加里提出的谈判请求，而是决定搞清楚加里提出这个请求有什么用意。“我们谈谈这个问题。如果每次付款的间隔时间是30天，您有什么顾虑？”

“我们的旺季从3月份开始，但根据我们的订单周期情况，我们5月初才能陆续收到客户付款。”

鲍勃考虑了一下他说的话。“您是担心仅仅间隔30天没办法筹集足够的资金付款，对吗？”

加里面露痛苦的表情。“呃，资金我们有，但我不想在淡季就让资金这么紧张。”

鲍勃点点头。刚和加里、帕特见面时，鲍勃问他们是不是有资金购买产品。加里好像表示有，而且刚刚又确认了一遍。问题是，加里想不想动这笔可用资金。鲍勃想弄清楚加里在现金流方面的顾虑到底是为什么。“您是担心这个月的现金流不足，还是担心接下来的几个月现金流会断裂？”

“这个月的现金流尤为紧张，在我们的业务旺季开始之前，我们想确保手头有足够的资金用来应付各种开销。”

鲍勃正要开口，帕特却问：“服务保单的金额是多少？”

鲍勃告诉了她每月的金额是多少。

帕特继续问：“我们一次性会买很多年的保险。比如说，10年以后，保单金额会是多少？”

鲍勃指着书面协议上的条款说，“根据原材料指数的市场通货膨胀率，如果买的是5年期保单，每年的保单金额可能会上涨4%。”

“4%？”帕特在脑子里算了一下。“5年可能就会上涨20%啊！”

鲍勃平静地说：“如果原材料的价格指数上涨，那就有可能。我们只会加上上涨的原材料成本。”

帕特不满地低声说：“似乎涨得很多啊。”

“如果原材料指数出现通货膨胀，确实会涨很多。”鲍勃赞同道。鲍勃觉得，费尽力气去说服她“上涨4%并不多”不仅不会让她和加里更快做出决定，反而会让做决定更难。于是，鲍勃对帕特的情绪表示了赞同和理解，然后等待帕特的反应。

“呃……”帕特皱起了眉头，不知道接下来该说什么。她本来以为鲍勃会说每年涨4%没什么大不了的。“我的意思是，你有什么办法能帮上忙吗？”

“当然有，”鲍勃随意地回答道。“如果您同意签 10 年期的服务协议，我们能在协议里规定每年的保单费最多只能上涨 2%。这就意味着，在未来 10 年里，您的保单成本最多只能上涨 2%。”

帕特点点头表示同意。加里补充道：“我觉得可以。但是，我还是觉得现在签协议还不是时候。”

加里看着帕特，面露不快。“这个月要为黛安娜的出国项目付 6 600 美元！还有机票。而且，至少 2 个月以后才会有定期的旺季收入。咱们也许能等到春天再说。”

帕特无奈地看着鲍勃，什么也没说。加里转而对鲍勃说：“我们非常喜欢你的产品。而且，我们确实想买一份产品。只是现在时机不合适。”

鲍勃一边听加里说话，一边有意识地放松了下来。他们刚刚似乎马上就能做决定了，但现在又卡在了现金流问题上。鲍勃已经从好几个角度提出了解决现金流问题的办法，现在要想让加里和帕特做出决定，只有两个办法了。第一个办法就是告诉他们还有哪些选择。

“您看，这是个长期决定，”鲍勃开口说道。“今天晚上重要的是，为您二位做出最好的决定。那我们现在先总结一下今晚都谈了哪些问题。您二位基本上有 3 个选择。第一个选择是，决定根本不买这份产品，那我今晚刚和您二位见面时聊到的您的家庭未来可能会面临的困难，可能就无法解决。”一般来说，鲍勃会说“挑战”

这个词，但为了强调，就用了“困难”这个词。

鲍勃继续说，“第二个选择是，今天就进行下一步，购买这份产品。您二位已经提到了好几次，说整个家都会从中受益。”

他们两个人都点了点头。

“而且您二位都表示非常认同我们公司的产品特性。”

他们又点了点头。

鲍勃叹了口气。“第三个选择是，推迟一段时间再做决定。这个选择的优点是，淡季结束之后，您二位手里就有更多现金了。缺点是，您二位都非常忙，为黛安娜付完出国的费用之后，还会有其他费用需要付。账单是永远付不完的。而且，永远都会有其他理由能让您二位推迟购买这份产品。正是因为这个原因，60% 多的家庭才会由于没有购买这个产品而遇到了困难。如果将来有一天，您家非常非常需要这份产品……那现在所有您觉得不适合购买这份产品的原因，都会显得无关紧要了。”

鲍勃给帕特和加里留出了一点时间来考虑这 3 个选择。他们现在已经再次到了决策时刻，而鲍勃已经准备好耐心地等待他们的回应了。加里慢慢地摇了摇头。“黛安娜马上就要出国了，我不想这时候花这笔钱。时机不对。”

鲍勃有意沉默了几秒钟，然后声音降低了一点，用上了最后一个办法——提出终极问题。“您二位说过很多次，买这个产品就是因为看重产品的价值。”鲍勃说到这里停顿了一下，而帕特和加里认同地点了点头。“那还要解决什么问题，您二位今天才会入手这个产品呢？”

鲍勃问这个问题真的是为了找出一个适合他们的交易方案。根据“3 天内有权解除协议”的规定，鲍勃深知如果让帕特和加里迫于压力购买他们不信服的产品，最有可能出现的结果就是，订单在 3 天内会被取消。帕特和加里已经认可了这个产品的价值，他们也有购买产品所需的资金。鲍勃现在做的就是让他们过了决策过程中感情这一关。帕特似乎已经决定了，加里现在还难以做出决定。

鲍勃靠在椅子上等着他们的回答，他脸上令人愉悦的表情反映出了他引导帕特和加里完成整个“说服客户的循环”后的满足感。

有时候，客户在这个节点上会提出一个办法，最后说“行”。但很多时候，客户会说“不”。如果帕特和加里的回答是“不”，鲍勃会安排一个时间跟进。由于他们二人对产品的反应都是正面的，所以鲍勃也会在离开之前请他们把自己推荐给其他潜在客户。

加里低头看着自己的手。“我觉得我们不应该买。”

帕特问：“如果咱们从信托账户里借一笔钱怎么样？”

加里抬起了头：“什么？”

“孩子们的信托账户。我们为什么不从他们的信托账户里先借一笔钱付首付呢？我们有权利每年代表孩子们从中借一笔钱啊。毕竟最后还是孩子们最受益于这个产品。我们用手头的钱付第二笔。等该付第三笔的时候，旺季已经开始了（就有了收入）。今年夏天把信托账户的钱还上。”

加里考虑了一下帕特的建议。“这个可行。”他对鲍勃说：“你们接受个人支票吗？”

“个人支票和大型银行的信用卡都可以。”鲍勃回答。

帕特补充道：“如果我们用信用卡付，能得到航空里程积分。”

加里想了一会儿，拿起了销售协议。“首付从信托账户里出……但是首付和第二笔只隔30天，太短了，来不及。能延长到45天吗？”

他们又重新说到了加里最初提的谈判请求上。鲍勃在这个问题上掌握着一些灵活性，而且他的交换条件是让加里同意立即采取行动。

“如果您今天就签协议，我就能让我们领导批准把‘30天后交付产品’改成‘45天后交付产品’。这样您就能晚15天再付第二笔款了。这样是不是好多了？”

加里看了看脸上露出笑容的帕特。帕特说：“好的，就这么定了。”

“如果您现在就随身带着信用卡，我就能把协议填好。”鲍勃说，同时冲着加里手里的书面协议点了点头。

加里把协议递给了鲍勃，然后就伸手去拿钱包了。鲍勃一边请帕特确认配送信息，一边集中精力一字不差地填写协议内容。但是，他知道还有最后一个任务……

要点总结

- 客户提出谈判请求后，你要保持放松的状态。
- 无论什么时候，都要先搞清楚客户提出某个请求有什么用意，然后再做回应。
- 如果你答应了客户提出的请求，也要反过来让客户做出一定的让步，通过这种方式来掌控谈判过程。
- 无论什么时候，如果客户请求降价，你都要先提出能为客户提供更多价值，如果不行再考虑降价。
- 万不得已的时候，在你同意降价之前，要先让客户同意降价后立即购买。
- 如果你推销的是以价值取胜的产品，要想避免客户压价，就要让客户知道你会尽力降价，但不会降到竞争对手的价位。
- 谈判环节可能突然就会变成解决客户顾虑的环节，要做好两手准备。
- 如果谈判结束时并没有达成一致，始终要记得向客户提出终极问题。

第四部分

客户说“行”

17

如果客户说“行”

在经过说服客户的循环的各个环节后，如图 17.1 所示，也许客户会对你说“行”！

啊……当你意识到自己所有的努力终于换来了客户的积极回应，那种满足感简直难以形容。

客户说“行”的方式有很多种：

（1）直接说他会买

- “行，我买。”
- “好的，把这个写到协议里吧。”

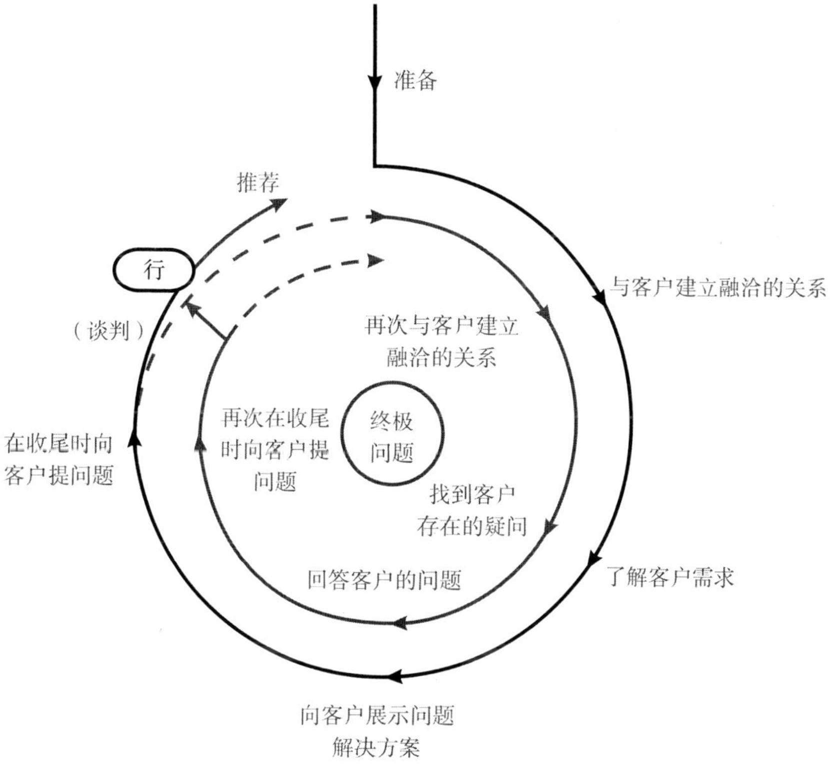

图 17.1　说服客户的循环（行）

- “我买 3 套。”

（2）提出求证式问题

客户会预先假定已经买了你的产品，向你提求证式问题，通过这种方式间接表示会买你的产品。

- “你周五能把产品带给我，对吧？”
- “我能用信用卡支付，对吧？”
- “所以说，如果我付现金，你就能把我的网络售后服务免费延长一年，对吧？”

（3）通过非语言方式

例如，客户会点头，或者放松地呼一口气，然后靠在了椅子上，表示自己会买你的产品，或者客户会开始找笔，想在协议上签字。

你做得很好

- 你已经表现出了对产品价值真正的认同感。
- 你已经和客户建立起了融洽的关系，变得很招人喜欢，正是客户想与之有生意往来的那种人。
- 你已经了解了客户的需求，包括客户购买产品的动力是什么，而客户的这种动力能让他今天就购买你的产品。
- 你做的陈述与客户的特定需求非常契合。
- 你通过非常有说服力的方式请客户把业务交给你。
- 在客户回答你的问题之前，你保持了放松和沉默的状态。
- 你圆满地完成了“内循环”中的各个环节，然后又引导客户到了决策时刻。

而现在，客户说“行”。

客户说了“行”，你会有什么反应？是不是上蹿下跳，挥舞着拳头大呼小叫，然后再放会儿烟花庆祝？“真的吗？您没开玩笑？天呐！太好了。我是说，呃……我们看一下啊。文件，嗯，先……”

这有些夸张——但你问问自己，是不是会通过非语言形式显露出自己很惊讶？是不是吃惊地瞪大了双眼？脸上是不是会出现无法抑制的笑容，就好像你在学校被“万人迷”邀请去参加大型舞会一样惊喜万分？或者说，你是不是会冷静地开始处理各种交易细节，安静得好像一切都在你预料之中？

如果客户说了“行”，你一定要保持热情、友好、冷静。用一种专业的方式证明你很高兴。稍稍点一下头表示认可就行，愉快地表达谢意也很好。可以简短地说“太好了”表示肯定，同时要保持镇定，表示你很感谢他把业务交给你，也很赞赏他果断地做出了这个明智的决定。

很多业绩一般的销售人员会经常设想自己做陈述和回答客户问题时应该是什么样，却不考虑客户说“行”之后他们该怎么表现。然而，你在客户说“行”之后的反应会对你和这位客户（以及他推荐来的其他客户）未来的业务合作产生深远影响。

客户决定购买你的产品/服务后，你可能会注意到客户明显放松了下来。决策时的焦虑逐渐平息，而且心理上会发生转变，开始将你视为他的顾问和服务供应方，而不是销售人员。如果你在心理上也进行这样的转变，会对你非常有利。

另外，你还要注意到你们之间的融洽关系会再次出现起伏。刚刚和客户会面时，你已经与客户建立起了融洽的关系，并且在整个销售陈述过程中这个关系都保持得不错。当你处于“说服客户的循环”的“外循环”，向客户提出收尾问题时，你们之间的融洽关系可能会暂时受到影响。当你进入“内循环”后，很快就会与客户重新建立融洽的关系，而且这种关系在解答客户的问题和顾虑过程中维持得很好。当你第二次收尾时，客户再次面临决策时刻，你们之间融洽的关系可能会再次受到影响。

现在既然客户已经说了“行”，接下来就应该在处理各种交易细节的同时再次与客户建立融洽的关系。你的语气应该还是那么友好，面部表情相比之前应该更加放松。在处理交易细节的同时，你还要承担起受客户信任的顾问角色。

下一步就是确认与这个订单相关的所有信息是否准确无误。一定要大致告诉你这位新客户接下来会有什么事情，比如：

- 客户会受到什么样的礼遇。
- 如果有问题，应该如何联系你和你们的客户服务 / 支持部门。
- 你什么时候会再和客户联系。
- 你多久会和客户联系一次，确保他满意，始终不后悔自己做的这个决定。

记住，始终让客户满意与把产品或服务卖出去同样重要。

如何处理交易细节主要取决于具体的行业，每个行业各不相同，但需要考虑几个原则。

售后原则

（1）时间

如果到了这个时候，客户要赶时间，那你就要判断出需要优先处理哪些关键的交易细节。比如说，让客户签字和付款花的时间可能相对较短，但如果把产品的具体细节全写在协议上或者在文件上填写配送地址和交付时间，花的时间可能相对长一些。确定客户公司的其他员工（比如客户的助理）能不能帮忙处理次要的细节。客户在协议上签字之后，明智的做法也许是建议客户安排其他员工来处理次要的细节。

注意

如果客户说“行”，你在处理次要的细节时，要先确认客户是否有足够的时间，他有没有其他更重要的事情急于处理。如果你不确定，就直接问“吉姆，大约还需要 15 分钟才能把这些产品交付信息都填完，您还有时间吗？还是，我应该和您的助理一起填完剩下的这些细节信息？”

（2）收取费用

注意，不要过早伸手向客户要现金、支票或者信用卡。“客户主动把钱给你”和“你向他们要钱”，这两者之间有一条界线。

比如，客户坐在你对面在协议上签了字，开了支票，然后把支票和协议放在了桌上。这时候，最好不要越过桌子去拿协议和支票，然后放在你这边；最好谨慎一些，不要动桌上的支票，等着客户把它交给你。

大多数客户不会很重视这个细节，但是，你可能会遇到一些在这个节点非常重视你的行为的客户。无论什么时候，都要谨慎。你费尽力气才拿到了订单，肯定不希望由于这个小细节横生枝节，导致本来觉得自己终于做出了明智决定的客户感到不舒服。

不要做任何可能会让客户质疑你真诚度的事。

（3）做事有条理

有一个细节会反映出你的销售预期以及专业度，那就是你做事是否有条理。如果客户说“行”之后，你就开始在兜里和笔记本里找笔，可能会让人觉得你放东西杂乱无章。如果你还要跑回自己车里取书面协议，可能就会反映出你准备不充分，本来没指望能拿到这个订单，或者做事不专业。见客户之前，要花 30 秒时间检查是否带齐了拿下订单所需的全部材料，然后在脑子里把你和客户见面后的事从头到尾想一遍，这有助于你检查自己是否做好了充分的准备。

（4）做好准备回答客户在决定购买后提出的问题

做事有条理的另外一个方面是，熟悉客户在决定购买之后最常问哪些问题以及如何回答。如果你不知道如何回答客户针对产品基本特性、交付安排或者付款等事项提出的问题，会让你脸上无光。偶尔客户针对细节提出的特殊问题可能确实需要查一下才能回答，但客户期望的是你会事先准备好回答那些常见问题。

好了，现在我们假定交易细节已经都确定了，你也收到了客户签过字的协议和款项，文件也都搞定了。那就没事了吗？你是不是准备收拾东西离开，为下一个销售会面做准备。

不要这么快。你圆满地拿到了订单，可以庆祝一下。稍后会有很多时间用来庆祝。但现在，不要错过让你事半功倍的机会。你还有一项任务要完成，而这项任务会让你以后更容易、更快地完成“说服客户的循环”。我们会在下一章详述这部分内容。

要点总结

- **客户可能会直接说“行”，也可能通过间接的方式，还有可能只是简单地点一下头。**
- **销售成功后，要保持热情友好的态度。**
- **核实所有必要的信息是否准确无误。**
- **留意客户是不是时间有限。**
- **要等客户把签过字的文件和款项交给你，而不要自己主动去拿。**
- **告诉客户你会如何为他服务，如何满足他的需求。**

18

争取让更多客户对你说“行”

你最初通过说服客户和你见面开始了整个销售过程，然后利用自己训练有素的销售技巧，完成了“说服客户的循环”（如图 18.1 所示），并在此过程中展示出了高度的专业性。因此，你可以寄希望从这位新客户手里拿到更多订单。你们此时的关系应该十分融洽，融洽到你能信心十足地请他把你推荐给其他客户，或者给你介绍其他客户。

事实上，由别人推荐而来的客户更有可能购买你的产品 / 服务。这是因为，向他们推荐你的人是他们喜欢和信赖的伙伴或亲戚。如果你之前没有请客户这样做，那从现在开始和客户联系时就要加上“请把我推荐给其他潜在客户，

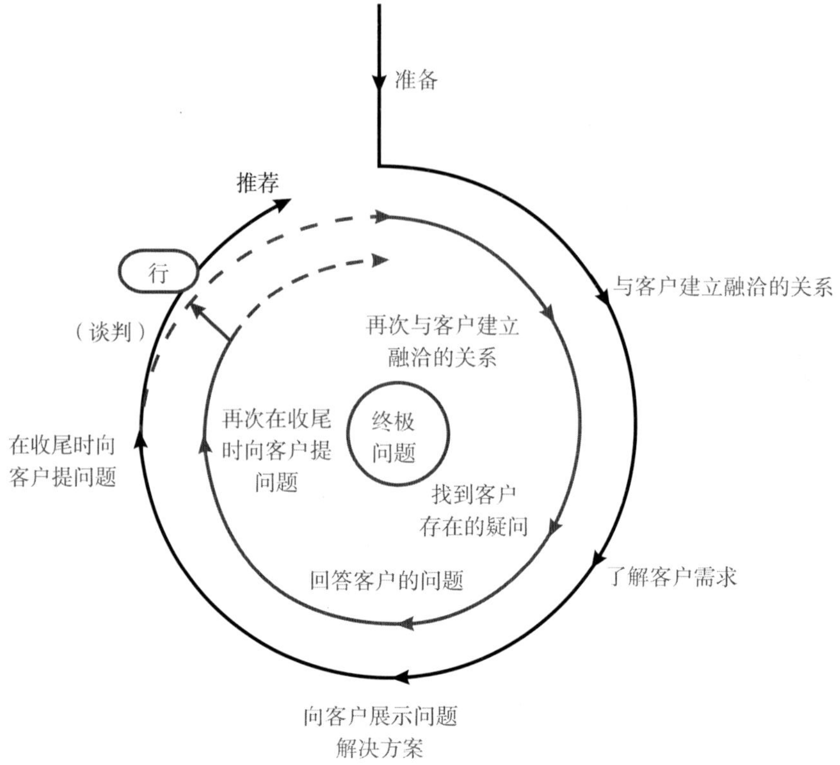

图 18.1 说服客户的循环（推荐）

或给我介绍其他潜在客户”这一步。这么做几乎可以保证你的销售生涯会非常成功。

一般的销售人员不会这么做。为什么？他们担心已经向客户提出了太多的请求，客户不会再给他们推荐潜在客户了。你刚刚请客户买你的产品。然后，你请客户签了一份书面协议，还敲定了交易细节。现在你又向他们提新请求了！天呐，没完了吗？

存在以上这种担心的深层次原因，我们已经在第 5 章“客户是因为你的原因才说‘不’的吗”这部分内容中讨论过了。在销售过程中，这个环节是最后一次反映你对你们公司的产品和服务认同的机会。

- 你怎么看待“请别人买你的产品/服务”这件事？你是在请他们给你帮忙吗？
- 你怎么看待“敲定订单细节，处理文件”这件事？你害怕客户改主意吗？
- 你怎么看待“请客户把你推荐给其他潜在客户”这件事？你会不会觉得自己在利用客户？

花点时间反过来想一想。如果你的客户对你很满意，把你推荐给了其他潜在客户，那就从潜在客户的角度想一想。他一直想解决自己面临的难题，现在得到了一个高效、优质的解决方案，他的生活和工作也因此更高效、更愉快了。大家如果发现有个解决方案很好，往往都想告诉自己的朋友和同事。而且，你提供的解决方案既好，价格又公道，对吧？

你和客户具备了新的共同点。你们都希望帮助别人，让他们利用你的解决方案解决难题。不管怎么说，你的客户现在是告诉别人怎么解决难题，那为什么不让客户顺便也把解决方案的提供方是谁告诉别人呢？就是你啊！

安排推荐环节

请客户把你推荐给别人是一种非常常见的业务现象，它并不是偶然才发生的。

请客户推荐你的最好方式就是为客户提供出色的购买体验。这意味着，客户可以享受到你们专业化的服务和优质的产品。

有一点很重要：单单为客户提供出色的购买体验未必能让他把你推荐给别人，你必须得告诉他这么做。

观望型销售人员在销售过程中总是把很多环节分裂开来，比如他们会把

“请客户推荐其他潜在客户”当作一个单独的环节。观望型销售人员有时拿下订单后会对客户说：“最后一件事，您认不认识别的人可能会对这个产品感兴趣？”

这是观望型销售人员在整个销售会见过程中第一次提到请客户推荐其他潜在客户。这样问有用吗？有时候有用，因为任何事情偶尔都有可能发生，但对大部分人来说，这么问太生硬了，会削弱这个问题的作用，但这样毫无预兆地突然请客户给你推荐潜在客户还是有效的。问题是，当你请求客户给你推荐潜在客户时，这个策略是不是最有效、最令客户愉悦的方式呢？答案是“不是”。

在“说服客户的循环”中，一个中心思想就是要像下象棋一样去拿订单。在销售会见的初期，有意地采取某些行动，进而在销售会见的后期实现你的目标。安排推荐环节就是采取这个策略。在整个销售过程中，要适当地提及请客户把你推荐给其他客户，通过这种方式早点让客户明白把你推荐给其他客户是整个购买体验的一部分。

但是，如何才能自然地引出请客户把你推荐给其他潜在客户这个话题呢？

请客户把你推荐给其他潜在客户或者为你介绍目标潜在客户，这个过程在你刚和客户见面时就要开始。你必须像侦探一样，留意哪些细节能反映出他们认识哪些人。如前所述，刚和客户见面时就应该争取到请客户为你介绍潜在客户的权利，然后在**整个销售过程中使用**这个权利。

（1）介绍你们公司

“约翰，您可能没见过我们公司进行大规模的广告宣传。我们决定主要靠客户口口相传进行推荐来发展业务。所以，如果您用了我们的产品/服务之后，对我们公司以及产品/服务为您带来的好处很满意，您一定会毫无保留地把我引荐给和您有类似需求的人，对吧？”

（2）描述你们公司的服务水平

“我们的目标是，为您提供绝对出色的服务，让您等不及把我们推荐给您的同事。”

（3）讲故事或者转述其他客户对你们公司的评价

“之前有个客户把我推荐给了一位叫希拉的业务经理，她们公司有个难题……”

你每说一个字，客户在脑子里都要想一遍。如果你提了几次有客户把你推荐给其他客户，实际上就是在引导客户考虑把你推荐给他认识的人，而且还能暗示你会请他把你推荐给其他潜在客户。

融洽的关系以及客户推荐

我们最后要再说一遍在整个销售过程中与客户保持融洽的关系是多么重要。我们现在已经完成了客户的决策时刻，做决定时的紧张气氛已经一去不复返了。这时候，虽然你和客户可能一步也没挪，但你们的想法、语言和行动都反映出你们之间的业务关系发生了重要的转变。你说的话以及非语言行为会促使你们在思想上发生这种转变，而且有助于让客户逐渐淡化你们之前推销员与推销对象的关系，让他更适应把你当作他的产品 / 服务供应方。

你如何能在非语言上促进这种转变呢？当你心情愉悦、高效地处理交易细节时，要通过你的语调和肢体语言为客户营造出一种放松、融洽的气氛，就像你在做销售陈述之前营造的气氛一样。如果客户问你一些关于产品使用和服务的售后问题，回答完之后还要鼓励他们再问一些问题，不要表现出自己很想走，这会显得你非常相信客户做出了明智的决定（购买了你的产品 / 服务）。

在收尾时请客户把你推荐给别人

当请客户把你推荐给别人时，我们通常会想到以下两种情况：第一种情况是，在你做完销售陈述时请客户把你推荐给别人。要像销售过程中的其他环节一样，在和客户聊天的过程中提出这个请求。采取以下这几步就能成功地让客户把你推荐给别人。

第一步，在客户面前提起一些人。提一些客户认识的人，你之前和客户聊天的时候留心了吧，而且还做了记录，你肯定也会记下一些客户参加过的团体或者组织机构。

请客户把你推荐给别人时，可以这么说：“玛丽，你之前说你参加了一个社团。那在你们社团里，有人和你一样有类似的需求吗？”

第二步，记住客户推荐的潜在客户的名字。你最好能很快地在笔记本上把这些人的名字记下来。如果急急忙忙地把这些人的名字输入到你的联系人数据库里，会显得比较没礼貌。

第三步，问一些能体现出这些人是不是你的目标客户的问题——“他们之前说过什么话或者做过什么事，为什么你刚刚能想到他们？”把客户的回答记下来。这些信息很重要，当你联系这些潜在客户时，可以用这些信息组织开场白。

第四步，要潜在客户的联系方式——“我通过什么方式联系他们最好呢？”如果客户手头没有他们的联系方式，要保持耐心，提醒他在哪里可能会找到：“如果你们最近打过电话，也许能在通讯录里找到。”这是一个非常好的建议，因为当客户在通讯录里一个一个找的时候，可能还会发现有别的人可能也需要你们公司的产品。

第五步，请客户打电话向潜在客户介绍你。不要回避这种做法，提出这个请求的原因非常充足。“既然您对我们为您提供的产品非常满意，那您介不介意给乔纳森打个电话，让他知道您找到了一个解决方案，而且可能也会对他有帮助？”几乎所有人都会觉得打这种电话很别扭。没关系，因为你接下来就要消除这么问让客户产生的不适感。

第六步，如果客户表现出紧张不安的情绪，那就退而求其次，请客户允许你给那些潜在客户打电话的时候提一下他的名字。大多数客户会觉得如释重负，终于不用打这个电话了，所以会欣然答应你的请求。一旦他答应了你，你就要向他保证你会怎么做：“玛丽，既然您让我联系乔纳森，那我向您保证我会联系他，尽全力给他提供最好的服务。我给他发邮件（或者见面）的时候能提您的名字吗？”

在以后的交往过程中请客户把你推荐给别人

第二种情况是，在你们以后的交往过程中请客户把你推荐给别人。什么时候最适合请客户把你推荐给别人呢？无论什么时候，只要你为客户提供了出色的服务，都非常适合提出这个请求。另外一个合适的时机是，当你帮客户解决了一个难题的时候。这时候如果客户很高兴，那就向他确认一遍你为他创造的价值，提醒他如果他把你推荐给别人，你会非常感谢他。

这个过程可能会是这样：

☆把那些对你最满意的客户列出来。当你为他们解决了一些问题后，他们会对你非常感激，这时候给他们打电话或者和他们见面。

☆在你们的对话过程中，请他们确认你的服务价值。举个例子，“（你提供的服务或者你为他解决的问题）对您有帮助吗？”或者“您对我们的服务满意吗？”

在那些对你最满意的客户中，大多数都会很喜欢你们公司的产品和服务。当他们表达出对你很满意时，你就要采取下一步。

注意

如果他们不满意，那就**立刻停止**请求他们把你推荐给别人，马上解决他们的问题！如果他们对你们公司的产品或服务有不满意的地方，那就没有任何正当理由请他们为你推荐新客户了。更重要的是，这是你展示你们卓越服务的好机会。

如果客户对你不满意，他肯定不是你的推荐人首选，但你要考虑其中蕴含的机遇。当客户遇到麻烦的时候，是你证明自己确实想为客户提供优质服务的绝佳机会。一切都很顺利的时候，说空话一文不值。当你们公司的服务不理想的时候，你的行为才能向客户证明，你们确实努力在为客户提供出色的服务。

暴风骤雨过去之后，你会惊喜地发现自己赢得了多少既忠诚又为你推荐业务的客户。几天或者几周之后，如果问题完全解决了，客户也很满意，这时候再请他们把你推荐给别人。

☆告诉客户你非常重视他。“您是我们公司非常重要的客户，我们非常重视和您的合作关系！”

☆提醒客户，“让客户推荐新客户”是你的业务的重要组成部分。“您也知道，我的很大一部分业务主要是客户推荐给我的，给我推荐业务的客户和您一样都对我的服务非常满意。”

注意

如果你的客户本身就是公司经理，你也要尽全力给他们介绍业务。

☆请他们给你推荐客户。“您还认识其他人也存在您遇到的这种难题吗？”

如果客户认可你帮他解决了难题，那就找到了一个充足的理由请他把你推荐给别人。你并不是在请他给你更多业务，而只是请他们告诉你有哪些人面临类似的难题而已。这会把获益方从你转变成他的朋友或同事。客户对自己遇到过的困难都深有感触。找到解决难题的办法之后，他们会如释重负，这种感觉会有力地促使他们争取也让别人解除这种负担。

为了让你一目了然，我们把最后几步放在一起说。

销售人员：“（你提供的服务或者你为他解决的问题）对您有价值吗？”

客户：“有。”

销售人员：“太好了！我们非常重视和您的合作关系，也把您视为我们最重要的客户之一。如您所知，我的很大一部分业务主要都是客户推荐给我的，给我推荐业务的客户和您一样都对我的服务非常满意。您还认识其他人面临您遇到的这种难题吗？”

这几句话，和你在收尾阶段请客户购买产品时一样，也需要用你自己的话写出来，而且大声练习，直到习惯成自然为止。如果你提出请求时很有底气和自信，客户的回应也会更积极。你说话过程中的任何迟疑都会被客户解读为缺乏自信和产品认同感，这和你在收尾阶段问客户问题时差不多。实际上，这样做非常符合逻辑。你为客户提供了价值，而客户喜欢把蕴含价值的机遇和别人分享。

☆倾听！当客户正在想可以把你推荐给谁的时候，千万不要打断他们的思绪，让他们想一会儿。在某种程度上，这和你在收尾之后保持沉默有点像，它们的道理是一样的，谁先开口谁就先“妥协”了。如果你先开口，那对方可能连一个新客户都不会给你推荐。

销售人员为什么要在客户正打算给你推荐一些重要的新客户时打断人家呢？其中一个原因可能是，销售人员觉得这时候沉默和收尾阶段的沉默一样，都让人非常不舒服。另外一个原因可能是，销售人员害怕客户一个新客户都不推荐。

如果你采取了上述推荐的步骤，而且在请客户为你推荐新客户时非常注意措辞，很少会有客户对你说“不”。客户可能不会立刻告诉你潜在客户的名字，而是对你说他要考虑一下，或者稍后再联系你。尽管拖延并不是你最希望看到的结果，但这对你来说仍然是一种胜利，因为你已经让客户接受了为你推荐新客户的想法，而且他现在直接说愿意考虑为你推荐。

要想让客户把你推荐给别人，一个很好的方式就是针对他提到的人问一些问题。你还记得你在与客户建立融洽的关系和了解客户需求阶段问的那些问题吗？有时候，客户会在闲聊中提到他的一些同事和前雇员。你还记得在这种时候偶尔做做笔记能体现出你在倾听吗？呃，如果你把他的同事和前雇员的名字记了下来……那就可以指名问一些关于这些潜在客户的问题了。“您之前说，约翰现在在 ABC 公司工作。他会不会知道谁负责决定采购这类产品？”

如果客户已经告诉了你他推荐的客户名字，那就通过非语言方式鼓励他再多告诉你一些。

◇ 把他告诉你的名字记下来

这表示你在听他说话，而且这有助于你记住这些潜在客户是谁。

◇ 不要用问题打断客户

如果有的名字你不知道怎么写，就按照你觉得最有可能的字先记下来，然后继续听。只要客户还在跟你说名字，那你就继续保持沉默。

◇ 通过非语言方式给客户一些鼓励

一旦你开始写之后，眼睛就要一直盯着你的笔记，而且要表现出你期待能记下来更多的名字，直到客户说完为止。客户每提到一个名字，你就慢慢地点一下头，以示鼓励。客户告诉你名字的时候，你要保持放松，而且面部表情要愉快。

◇ 在客户说完之前，不要每听到一个名字就问联系方式

客户说完之后，你再问名字怎么写，以及联系方式是什么。如果到了这个时候，客户要赶时间去处理别的事情，那就问客户他的助理能不能把这些人的联系方式给你。

☆如果可能的话，就在客户把这些人的联系方式告诉你的当天联系他们，立即采取行动有以下几个好处：

- 你刚刚听说这些人，兴奋度还处于顶峰。
- 如果这些人联系你的客户，而且聊到你给他们打过电话，你的客户会更有可能记得你说过什么（并转而告诉这些新客户）。但是，如果你过了两周或者两个月才给他们打电话……谁知道你的客户会记得你说过什么话？
- 如果立刻和他们联系，就可以更快地对你的客户进行随访。

☆要让客户知道你和他推荐的新客户联系之后有什么成果

一般来说，大家都希望能给别人帮上忙。如果你帮客户的朋友或者同事解决了一个难题，那把你推荐给他们的这位客户会觉得自己像个英雄一样，而且会非常乐意再向你推荐一些新客户。

如果客户给你推荐了新客户，一定要给他发一封感谢邮件或者手写的便条。然后，等你和他给你推荐的朋友或者同事联系之后，再跟他说一声。让他知道情况怎么样，这能体现出他当时没有浪费时间给你推荐一些你根本不会联系的客户，而且也会鼓励他给你介绍更多潜在客户。如果他给你推荐的第一批潜在客户对你非常满意，那就更会鼓励他给你介绍新客户了。

☆定期给客户打电话，在为他提供服务的同时，也请他再给你推荐一些新客户

一年能发生很多事情,客户的职位可能会变化,他也可能刚认识了几个人，而他们正好需要你的产品和服务。

☆在售后随访期间，要记得利用一些更巧妙的方式提醒客户把你推荐给别人

比如，可以在你的名片上或者电子邮件签名里，提醒客户你非常感谢他们给你推荐新客户。再加上本章之前提到的其他方法，这些方法都足以委婉地提醒那些对你满意的客户转发你的邮件或者把你的名片交给潜在客户。

让客户推荐成为一种生活方式

请客户把你推荐给别人的关键是要把“请客户为你介绍新客户”变成销售过程中不可或缺的一部分。要不断寻找你能满足其需求的新客户，这要在你的心里变得根深蒂固，成为你的天性。这个目标比观望型销售人员的目标强多了，观望型销售人员的目标是好好做完销售陈述，然后在销售过程中静观其变。

如果你的注意力一直集中在拿到订单上，现在该拓展一下你的思路了。每个客户都相当于一扇通向更多客户的门，不要把自己局限在眼前的一个订单上，可以考虑把你每次和客户见面的终极目标设定成“让客户把你介绍给新客户，拿到更多订单”。这意味着，你要让客户从你这里获得高价值，在向他们提供服务的同时，还要让他们心情愉悦，让他们发自内心地想把你推荐给那些有类似需求和难题的人。

完成整个“说服客户的循环”

随着客户积极地为你介绍新客户，你就完成了整个“说服客户的循环”。接下来，你就要针对客户给你推荐的新客户重新开始“说服客户的循环”。这次有了客户的推荐，与之前没有人给你推荐相比，你的起点更为有利。和客户一起完成整个循环过程，最后不仅拿到订单，而且得到了更多新客户，这就是顶级销售人员的销售模式。

出色地完成工作能获得一种深深的职业满足感。本书的目的就是，让你更清晰地看清销售过程的每一步，并为你提供切实有用的方法，让你快速完成这个循环过程（拿下订单）。祝你利用“说服客户的循环”超额完成销售目标，收获成功的销售生涯。

现在，让我们继续前文中的两个案例。

情境 1　商务场合的销售拜访

史蒂文斯先生说了“行”，要买 3 套设备。凯特正在填最后的产品注册码，书面协议已经准备好，只差史蒂文斯先生签字了。凯特计划先搞定这些文件，然后请史蒂文斯先生为她推荐新客户。这时候，史蒂文斯先生的电话响了。他拿起电话，听完后一皱眉，转而对凯特说：“我本来中午约了人吃饭，但现在得提前去。对方是我非常重要的客户。现在咱们还有别的事需要做吗？”

凯特把书面协议放在了他的桌子上。“只需要您在这儿和下面签个字就行了。”

史蒂文斯先生把协议拉到面前，然后在凯特指的两个地方签上了名字。“还有别的事儿吗？”

“我把这些文件整理一下，然后给您的助理留一份。”

“好，”他一边说，一边站了起来。“期待能收到性能稳定可靠的产品。”

凯特收拾了一下自己的东西。“非常感谢您和我们合作，谢谢您今天上午百忙中抽出时间见我。”

3 个月后，凯特去了史蒂文斯先生的办公室做例行随访。打完招呼后，她就说了自己今天来的目的。“我想来您这儿看一下，确保您在加拿大的团队收到了那些替换零件。”

这就是凯特来这儿的主要目的。她还有一个目的，就是请史蒂文斯先生给她介绍新客户。但是，她知道首先必须得确保客户自己满意，然后才能请他介绍新客户。史蒂文斯先生确实对凯特她们公司很满意，而且在表情上就能看出来。“他们确实收到了。让我惊讶的是，你们怎么这么快就能拿到你们竞争对手产品的替换零件呢？”

“我们公司有个仓库，专门应对这种临时需求。难的是怎么迅速过海关，让产品及时送到您的团队手中。很惊险，很刺激。”

“我不止一次体验过这种惊险的经历，谢谢你们付出了这么多。”

“不客气！您对我们公司的所有服务都还满意吗？”

“满意。我非常高兴当时把供应商换成了你们。”

凯特很快就与史蒂文斯先生重新建立了融洽的关系，而且确认史蒂文斯先生对她们公司很满意。

现在她准备实现第二个目的了。“您是我们非常重要的客户。您可能也知道，我们公司很大一部分新业务都是客户推荐的，这些客户和您一样，都对我们公司的产品和服务很满意。您有哪些同行和您一样也存在由于设备老化造成工期延误的情况吗？”

然后凯特就不说话了，和当时问完收尾问题时一样。事实上，这确实也是收尾问题。凯特很放松，脸上保持着愉快的表情，等着史蒂文斯先生回答。史蒂文斯先生面无表情地看着凯特，其实心里在想可以把谁介绍给凯特。他在椅子上换了个姿势，头朝一边看着地上。他慢慢地摇了摇头说：“想不出有谁。”

凯特又沉默了一会儿，史蒂文斯先生接着说：“不过，我们有个行业协会，我每个季度都会和里面的一些高管见面。你们和这些人建立合作关系了吗？”

凯特鼓励他继续按照这个思路想。“几个月前，我和您第一次见面的时候，您说您当时正在和谁合作一个项目来着？”她低头看了看自己当时做的笔记——“唐·彼得斯。您觉得他是不是和之前一样，也存在设备老化延误工期这个问题？”

“问得好。我们一起做最后一个项目的时候，他有个团队可能就遇到过一些问题。”史蒂文斯先生幽默地讲了讲那个团队是如何费尽全力和他的团队保持进度一致的。

他讲完故事之后，凯特问：“您还记得这种工期延误问题为您的公司带来了多大的损失吗？如果彼得斯能像您一样把问题解决了，然后让团队充分发挥生产力，他会不会很高兴？”

“可能会。”

“这个协会里除了彼得斯，您还知道谁可能想提高生产效率吗？”

在接下来的几分钟里，史蒂文斯先生说了几个他在这个协会里认识的同行。他每说到一个人的名字，就会讲一下这个人的故事。

凯特把这些人的名字都记了下来，然后继续听他讲故事，中间没有打断他。史蒂文斯先生说完之后，凯特很快确认了一下他推荐的那几位新客户目前在和哪些公司合作。“太谢谢您了，”凯特真诚地说。她猜史蒂文斯先生和唐•彼得斯的合作关系是最紧密的。“我和这些企业联系的时候，能不能告诉他们我们公司是如何为您提供高效的解决方案的？”

“当然可以。告诉他们，是迪恩•史蒂文斯让你给他们打电话的。”

凯特站了起来。当时正是中午，她来的时候没有提前打招呼。她自己能找到这些公司的联系方式，所以她不想再占用史蒂文斯先生的时间了。“和之前一样，我们非常感谢您和我们合作。”

第二天下班前，凯特已经和这些公司都联系过了。她给史蒂文斯先生发了一封感谢信，再次感谢他为她介绍新客户，而且还告诉史蒂文斯先生，她已经和哪些潜在客户约了见面。

情境 2　家庭场合的销售拜访

鲍勃把协议上该填的信息都填完了，帕特和加里最终决定购买他们公司的产品。鲍勃一边整理一会儿要留给他们的文件，一边问：“您刚刚说终于把这件事儿搞定了，松了一口气。我突然想起来，您说您之前和您妹妹聊过这个产品。您还有哪些家人、朋友和同事担心他们家没有这个产品会面临潜在风险？”

在随后的几分钟里，鲍勃在纸上把帕特和加里说到的名字都记了下来。对每一个名字，鲍勃都会问：“他之前说过什么话或者做过什么事，为什么您刚刚能想到他？”这通常又会让帕特和加里说出一两个名字。

然后，鲍勃问帕特：“我怎么联系您妹妹最好呢？”鲍勃就这样把他们说的那些人都问了一遍。如果他们手头没有某个人的联系方式，鲍勃就会跳过去继续问下一个。最后，鲍勃问：“既然您非常满意我们的产品能给您家带来这么多好处，那您介不介意打几个电话，让您妹妹和史密斯家知道您找到了解决 ×× 问题的办法，而且对他们可能也有帮助？”

帕特说她正打算晚上给她妹妹打电话呢。她提出，第二天可以和街坊邻居说一下这件事。然而，加里却不愿意给他的同事们打电话。

“我理解，”鲍勃说，“我联系他们的时候能提您的名字吗？”

加里长舒了一口气，庆幸终于不用给同事打电话了，于是欣然同意了鲍勃的提议。鲍勃收拾了一下他的东西。“谢谢您二位今天晚上邀请我来您家，祝贺您二位决定通过这种最可靠的方式来保护您的家庭。”

鲍勃出来之后，天已经黑了。开车之前，鲍勃把车窗降了下来，侧耳听着从树林穿梭而过的微风。虽然觉得筋疲力尽，但他却激动不已，因为他知道自己和两位客户一起成功地完成了“说服客户的循环”，用专业的方式满足了客户的需求。

向潜在客户推销时，并不是每一次客户都会说“行”，但鲍勃几乎每一次都很高兴自己向客户推荐了这种产品 / 服务，而且力图帮助客户做出有利于他们家庭的明智决定。但是今晚，客户说了“行”，而且还给鲍勃推荐了几个潜在客户，明天可以打电话安排见面。鲍勃叹了一口气，发动了汽车，思绪又飘回了在家等他的家人。

要点总结

- **如果客户对你很满意，那他给你推荐的新客户就更有可能购买你的产品或服务！**
- **拿到了订单并不意味着你的任务就算完成了。**
- **利润来自于让客户告诉别人你们公司的解决方案满足了他们的需求。**
- **在和客户见面的整个过程中，从头到尾都要暗示客户请他给你推荐潜**

在客户。

- **帮客户想想还有哪些人可能有类似的需求。**
- **针对客户给你推荐的人问客户一些问题，鉴定一下这些人是不是你的目标客户。**
- **无论什么时候，都要让客户知道你和他们给你推荐的人联系之后有什么结果。**

附录

“说服客户的循环”核对表

准备

名片

笔

薄荷糖

放松，注意力集中

想象客户会有什么反应

与客户建立融洽的关系

微笑

握手 / 问候

在音量和语速上与客户保持一致

发音吐字清晰

体态上与客户相匹配

了解客户需求

问开放式问题

倾听时相应地调整体态

不要打断客户

不要过早开始推销

问一些探索性问题

向客户展示问题解决方案

用假设客户会购买的口吻陈述

与客户使用同类的措辞

有效利用视觉辅助工具

每说一个产品特性，就要解释相应的优点和好处

推销产品或服务的深层次价值

在收尾时向客户提问题

提探索性问题

内循环

再次与客户建立融洽的关系

倾听时相应地调整体态

找到与客户观点一致的地方

找到客户存在的疑问 / 顾虑

确认客户没有其他问题了

如果你回答……他们就会买

确认客户对你的回答满意

回答完客户的问题后再次收尾

提出终极问题

谈判

把你的交换条件列成一个清单

知道自己的起点和底线是什么

客户提出谈判请求时，要保持放松

明确客户的谈判请求背后的意图

要先提出为客户提供更多价值，如果不行再降价

降价之前，要先让客户承诺降价后立即购买

问完终极问题后再离开

行

平静地向客户表示感谢

有条不紊地处理交易细节

注意客户的时间

告诉客户接下来会发生什么（比如，可以得到什么样的服务等）

（续表）

保持放松状态 保持沉默 做好客户说“行”“不”和“可能”的准备	**请客户把你推荐给别人** 暗示客户事后需要向你推荐新客户 客户决定购买之后，要和他再次建立起融洽的关系 当客户向你推荐潜在客户时，不要打断他 如果时间来不及，事后再想办法拿到潜在客户的联系方式 迅速联系客户给你推荐的潜在客户 事后告诉客户你和他推荐的人联系后有什么结果

致谢

我们要感谢汤姆·霍普金斯国际公司（Tom Hopkins International,Inc.）的商务拓展副总裁朱迪·斯莱克（Judy Slack），感谢她一直努力推动有关各方之间的顺畅交流，协调工作流程，并对书稿原稿进行了润色。

我们同样要感谢世界各地的专业销售人员，是你们让我们得以持续地把理论付诸实践，也感谢你们不断地向我们提出挑战，促使我们想出新的方法来帮助你们更好地服务客户。